·青少年生涯探索与规划系列丛书·

高中生探索生涯

雷五明 王浩辉 魏 超◎编著

武汉理工大学出版社

图书在版编目(CIP)数据

高中生探索生涯 / 雷五明, 王浩辉, 魏超编著. —武汉 : 武汉理工大学出版社, 2020.8
(青少年生涯探索与规划系列丛书)
ISBN 978-7-5629-5770-6

Ⅰ.①高… Ⅱ.①雷… ②王… ③魏… Ⅲ.①高中生－职业选择
Ⅳ.①G635.5

中国版本图书馆 CIP 数据核字(2020)第 096201 号

项目负责人 : 李兰英   责任编辑 : 李兰英
责 任 校 对 : 夏冬琴   排   版 : 博壹臻远
出 版 发 行 : 武汉理工大学出版社
网   址 : http://www.wutp.com.cn
地   址 : 武汉市洪山区珞狮路 122 号
邮   编 : 430070
印   刷   者 : 武汉精一佳印刷有限公司
发   行   者 : 各地新华书店
开   本 : 710mm×1000mm   1/16
印   张 : 11.5
字   数 : 165 千字
版   次 : 2020 年 8 月第 1 版
印   次 : 2020 年 8 月第 1 次印刷
定   价 : 46.00 元

　　"千军万马过独木桥""没有硝烟的战争""一考定终身"等形容了高考的艰辛。其实，选择同样重要，好的选择必然给人生增光添彩。当前，我国中学生普遍缺乏职业生涯规划意识，"跟风""逃避""我负责考试，家长负责填志愿"等思想比比皆是，由此造成进入高校后，对学校不满意，对专业不满意，进一步导致复读、考试不及格、退学、消极就业等严重后果。而高考新政策的实施则为解决这些问题提供了一个新契机，在高考新政策的背景下，学生必须及时了解高校录取方式，了解自己的兴趣、性格、能力、职业价值观等，进而在做好生涯探索与学业规划的基础上，完成自己的职业规划和生涯规划。

　　高考作为一种相对公平公正的人才选拔模式，已经被广大人民群众接受、认同，而关于高考政策的改革措施也一直处于探索和研究之中，国家一直在追求一种既能兼顾社会发展需要，又能促进人全面发展，同时操作性强的评价体系。2013年11月，十八届三中全会通过了《中共中央关于全面深化改革若干重大问题的决定》，该决定提出："逐步推行普通高校基于统一高考和高中学业水平考试成绩的综合评价多元录取机制。探索全国统考减少科目、不分文理科、外语等科目社会化考试一年多考。"2014年9月，国务院颁布《关于深化考试招生制度改革的实施意见》，其中，总体目标是"2014年启动考试招生制度改革试点，2017年全面推进，到2020年，基本建立中国特色现代教育考试招生制度"。2014年，浙江、上海先行试点，2017年，北京、山东等4个省市在秋季入学的高一新生中实施高考新政。2018年，湖北、湖南、重庆等8个省市也正式启动高考综合改革。主要的改革内容有：文理不分科，6选3成为主要的选科模式；"两依据一参考"成为高校录取新标准；语数外必学必考，但外语可一年两考，语文、数学或一考管两年；录取批次或改变且奉行专业优先院校其次的原则；生涯规划必须纳入高中学校日常的教育教学。2020年春，教育部又推出"强基计划"。

此次高考改革带来的最大的争议和影响就是高中生不得不提前考虑自己的学业规划问题，以及由学业规划引起的职业规划和生涯规划问题。了解自己，了解专业，了解高校，了解职业等，成了学校、家长、考生不得不做的工作。知己知彼，方能百战不殆。具体而言，高考新政给高中、高中生、高校等带来的主要变化体现在以下几个方面：

高中的传统教学一般采取"行政班"的教学方式，老师和学生固定搭配，缺少自主性和灵活性。高考新政策的到来将打破这一传统教学方式，学生有多至12种（3+1+2）或20种（6选3）选科组合，而极个别省份的学生甚至有35种（7选3）选科组合，传统意义上的"行政班"概念将被淡化，"教学班""走班制"应运而生。然而，实际情况却是：一方面，中学生还处于心理和生理发展不成熟的阶段，对于自己的选择还不能有清醒的认识；另一方面，选科模式增多，但很多学校的办学条件并不能与选择模式相匹配，很多学生不得不根据学校现有的条件，改变自己的愿望。

考试招生制度改革方案要求各高中学校按照国家统一的课程方案、课程标准、教学质量要求开展高中各学科课程教学活动，保质保量地完成国家统一的教学任务。以往的高中教学，往往存在很强的功利性，只教高考会考的内容。对于一些虽然对学生身心发展有益却不是高考大纲范围的内容，老师一般选择不教或者一笔带过。面对各学科均衡发展的政策要求，在学习时间不变、学习内容增多、学习压力加大的情况下，学生如何来处理这一复杂情况，如何分配学习时间来完成各学科的学习，需要学生正确认识自己的实际情况并做出合理的判断与取舍。

相对于以往高中考核只注重学生考试分数的唯分数论思想，此次高考改革把学生的综合素质提上议程，并作为高校招生录取的参考依据。这要求学生在高中阶段的学习成长过程中全面提高自己的素养和能力，做一个德智体美劳全面、自由、充分发展的人；要求中学教育进一步推动学校多样化特色发展，创新人才培养模式，满足不同潜质学生发展需要，增强学生的社会责任感、创新精神和实践能力。

等级赋分将作为一种新的学习评价方式。它的前提是高中学业水平考试必须合格，它的关键在于考试分数在全部考生中的排名。在此背景下，以物理学科为例，对于优等生来说，为了进入整体水平一流、学科一流的大学或自己心仪的某些专业，物理成为必选科目；对于大多数学习成绩中等或偏下的考生来说，为了在高考中取得不错的成绩，则会倾向于放弃难度较大的物理，而选择更容易使排名靠前的科目。实际情况却是，重点高校许多专业，物理为必考科目。面对必考和难考之间的矛盾，大多数人纠结不已。

高考新政策与大学招生政策和培养政策息息相关，新高考并不是高中学校"一家之事"，它需要高校同样"给力"。"选择权是此次高考的亮点"，而选科则是中学生"选择权"的最大体现。选科不仅关乎中学生高中阶段所需要学习的内容、高考的科目，更关乎中学生升入大学所能选的专业以及未来的就业方向。大学专业设置分设限选考专业和不设限选考专业。针对设限选考专业，考生必须在高考中选择专业所规定的必须选考的考试科目，才能够报考该专业。高一时选科、高考后填报志愿，高中生都需要选择。但如果基于"专业优先，院校其次"原则，高校则必须高度重视学科、专业建设并做好宣传推广，否则就招收不到合适的学生，而只能招收到一些分数段匹配的学生，这就给后期的人才培养埋下了隐患。

高中生必须基于生涯探索、生涯规划做好学业规则、职业规划，做好自主选科、高考志愿填报。凡事预则立，不预则废。面对高考新政策带来的机遇和挑战，高中生需要认真地分析和解读所在省市的高考政策，正确认识自我，了解高校的招生要求，及时获取相关信息，才能做出更好的选择，找到适合自己的专业和职业，为自己未来的进一步发展打好基础。现在的中学生追求"做自己，做真实的自己，做最好的自己"，要实现这个成才目标，需要基于人格特质和学习能力等选择高中段的科目、大学段的学科及专业、大学毕业后的职业。主要依据包括：

兴趣是最好的老师，兴趣好比汽车的转向系统，具有导向作用。根据霍兰德的理论，个体的职业兴趣可以影响其对职业的满意程度。当个体所从事的职业和他的职业兴趣类型匹配时，个体的潜在能力可以得到更大限度的发挥，工作业绩也更加突出。高中生在选择高考科目、报考大学、选择专业的时候，兴趣是首先要考虑的因素。选择与自己兴趣相匹配的科目和专业，才能更有幸福感。毕竟，在做出学科和专业选择后，不管喜欢与否，都要长时间地与之相伴。为了避免厌学、烦躁等负面情绪的发生，在做出选择的时候应该减少功利心理、盲目心理，而应基于兴趣做出选择。

能力是人的个性心理特征之一，在同一活动中，不同的人表现出不同的能力。能力对于一个人的成功具有潜移默化的作用，基于能力做出选择，更加容易获得成功。学科和专业从本质上来说并没有太明显的好坏之分，只有学习到了一定的深度和高度，学生才能在竞争中取得比较性优势。学生的能力则是学生学习程度的重要影响因素，学生的学习能力强，更容易出成绩。能力好比汽车的轮胎与底盘，它决定了汽车的载重量。

性格相对于兴趣和能力来说，对于人的职业发展所取得的成就，能起到的作用并不是那么明显。但是，不同的职业对于性格的要求不尽相同。当人们从事与自己性格相符合的职业时，往往不容易产生倦怠感，更能从工作中获得满足感。就好比不同造型的小汽车，如三厢轿车、两厢轿车、SUV、MPV 等，最适合的驾驶人和路面各不相同。在填报高考志愿的时候，由于很多学生并没有了解清楚自己的性格是否适合自己所选择的专业，学习一段时间后，发现自己并不适合这个专业，而迫于社会压力和父母期望不得不继续学习，从而使得自己并不能获得较好的专业基础，那么求职过程中，就很难表现出强大的竞争力。

职业价值观是人们对待职业的信念和态度，或是人们在职业选择中表现出来的一种价值倾向。它是衡量职业是否符合自己内在价值观的重要标准，包括择业观、工作态度、职业理念等，它体现了个体对职业的满意程度。当我们选择的学科和专业符合自己职业价值观的时候，就会对自己的专业产生强烈的认同感、归属感。因此，基于职业价值观做出的选择很有必要，它能够像汽车发动机一样给汽车源源不断地提供动力。

在选科（课）、选专业的过程中应充分发挥兴趣的导向性作用、能力的决定性作用，以及性格和职业价值观对前两者的能动性作用。兴趣、能力、性格、职业价值观等因素在学业规划、职业规划和生涯发展过程中都发挥着不可替代的作用，青年学生要学会把各个要素联系起来，统筹考虑，优化组合，实现整体功能大于部分功能之和。

另外，一定要厘清新旧高校招生机制的区别，提前了解高校、学科以及不同学科、专业对应的职业乃至工作世界。多元录取机制，有利于考生和高校双向选择。考生在既有的分数下，如何填报高考志愿，到底是院校优先还是专业优先，一直是一个老生常谈的话题。对于考生来讲，既能上重点院校，又能读理想专业的情况少之又少，考生应该基于现实情况，根据自己的分数，确定学校层次，然后根据学校层次选择自己的专业，重点本科看学校，一般本科看专业，高职高专看就业。本科教育依然属于基础性的教育，与中学教育相比更加具有侧重点。对于高考成绩较好的学生来讲，更应该考虑的是大学的文化底蕴、对学生思维方式和学习能力的培养，考生如果未来想从事研究型的工作，学科排名靠前的学校应该是更好的选择；对于高考成绩一般的学生来讲，更应该考虑的是就业问题，考生在选择条件有限的情况下，应该最大限度地发挥分数的价值，专业性强且办学历史相对长的院校有利于应对就业难的现实情况。

总之，高中生最好利用多种测评工具"知己""知彼"，做好"生涯决策"，在老师、父母、专家的指导下做好学业规划，并朝着规划的目标奋勇前进！

编著者

2020年5月

目录
CONTENTS

下篇　探索篇

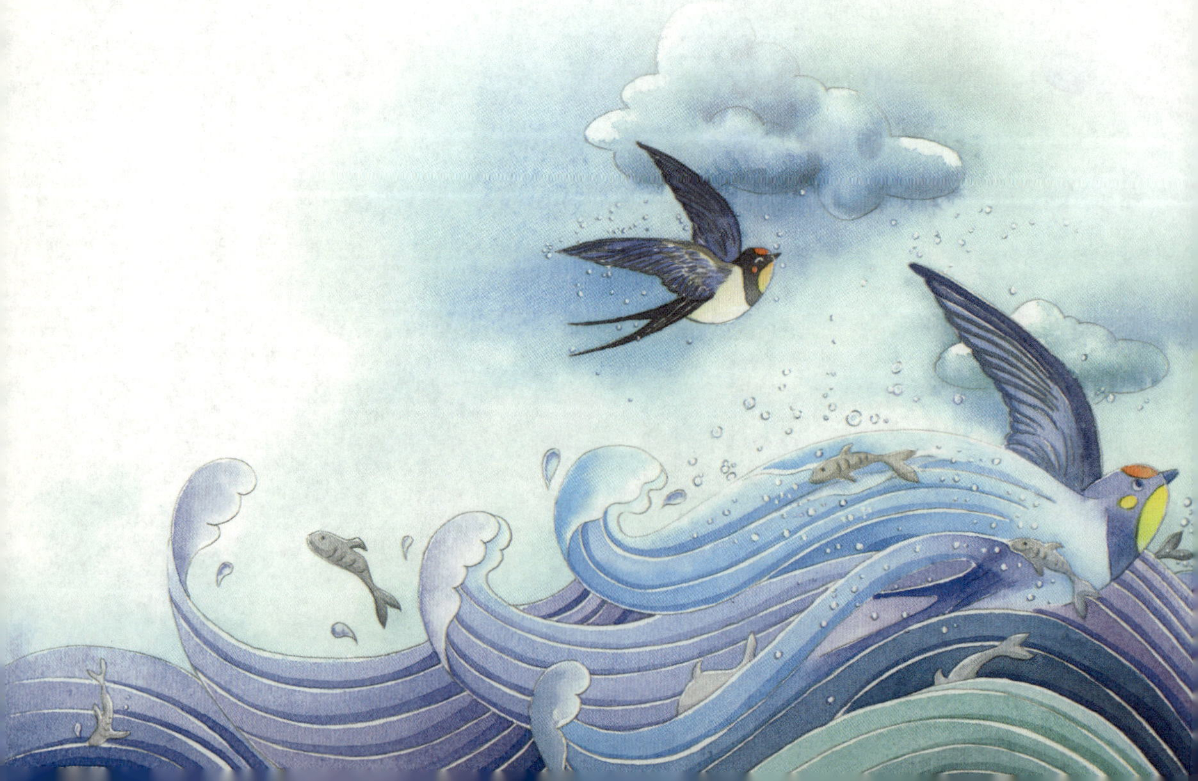

上篇　理论篇

职业生涯规划概述

第一节
职业生涯规划的内涵

凡事预则立，不预则废。

——《礼记·中庸》

生涯故事

　　大导演斯皮尔伯格的电影，想必同学们都喜欢看，诸如《侏罗纪公园》之类。他在36岁时就成了世界上最成功的制片人，电影史上十大卖座的影片中，他一个人就有四部。他17岁的时候，有一次去一个电影制片厂参观，尔后他就偷偷定下了目标，要拍最好的电影。第二天，他穿了一套西装，提着爸爸的公文包，里面装了一块三明治，再次来到制片厂。他故意装成大人，骗过了警卫，来到了制片厂里面，然后找到一辆废弃的手推车，用塑胶字母在车门上拼出"史蒂文·斯皮尔伯格""导演"等字样。然后他利用整个夏天去认识各位导演、编剧等，天天以一个导演的身份来要求自己。他从与别人的交谈中学习、观察、思考，并最终在20岁那年成为正式的电影导演，开始了他大导演的职业生涯。

小道理

　　职业生涯规划并非遥不可及的事情，也不是大人才能做的事情。从小立志，并且努力实现它，你将拥有巨大的能量。

从以上的故事中我们可以得知，在人生道路上应当尽早对自己的生活和学习进行规划，然后按照目标一步一个脚印向前努力。那么，什么是职业生涯规划呢？让我们一起走进职业生涯规划的世界去探索吧！

生涯知识

一、职业生涯规划的概念

职业生涯规划是指个人根据对自身主观因素和客观环境的分析，确定职业发展目标，选择实现这一目标的职业，以及制订相应的工作、培训和教育计划，并按照一定的时间安排，采取必要的行动实施职业发展计划的过程。

中学生职业生涯规划，顾名思义，是指学生为了将来更加顺利地升入自己的目标高校或者更好地从事某种职业，在中学阶段即着手规划自己的学习及生活，并为此做好一切准备的过程。

二、职业生涯规划的意义

职业生涯规划对人生的重要性是不言而喻的，那么它到底具有哪些作用呢？

（一）认识自我，理性选择

职业生涯规划能够帮助我们认识自我，澄清自身需要，懂得和掌握职业生涯开发与管理的知识和技能，真正选择一条适合自身发展的职业道路。

（二）了解社会，主动发展

高中生目前面临"新高考"选科情况，在这种新形势下，我们应当深入地了解社会对人才的需要，在选科升学的过程中，依据自己的兴趣爱好和社会的需求选择适合自己的发展方向。同时，在实践中对社会需求进行了解，在此基础上，对自己的学习进行审视和反思，加强自身的知识结构以及能力素质与今后社会需要的对接，增强个人学习知识、培养能力的主动性。

（三）明确目标，优化行动

目标引领未来，目标促进行动。一个人要想获得成功，确定一个明确的发展方向是非常重要的。明确未来职业发展目标将有利于激发我们在求学期间的学习动力和优化我们的学习行为。

相关链接

哈佛大学曾经做了一个关于目标对人生影响的跟踪调查。调查对象是一群智力、学历、环境等条件都差不多的年轻人。调查结果如下：27%的人，没有目标；60%的人，目标模糊；10%的人，有比较清晰的短期目标；3%的人，有十分清晰的长期目标。经过25年的跟踪调查发现，3%的人几乎不曾更改过自己的人生目标，他们始终朝着同一个方向不懈地努力。25年后，他们几乎都成了社会各界的顶尖成功人士，他们中不乏白手创业者、行业领袖、社会精英；10%的人，大都生活在社会的中上层。他们的共同特点是，那些短期目标不断地被达到，生活质量稳步上升。他们成为各行各业不可缺少的专业人士，如医生、律师、工程师、高级主管等；那60%的人，几乎都生活在社会的中下层。他们能安稳地生活与工作，但都没有什么特别的成绩；剩下的27%的人，他们几乎都生活在社会的最底层，他们的生活都过得很不如意，常常失业，靠社会救济，并且经常抱怨他人，抱怨社会。

（四）突破障碍，开发潜能（图1-1）

个人成才是一个不断自我改变，超越自我现状的过程。凡事预则立，不预则废。我们需要主动为自己的前途负起责任来，提前谋划以应对变化中的世界。

突破障碍

内部障碍
缺乏目标
缺少技能
态度消极
恐惧不安

外部障碍
市场趋势不明
社会经济形势变化
组织动荡

实现自我
以己为荣
丰足
喜悦
成就感

开发潜能
建立自信
积极进取
积累实力
增强勇气

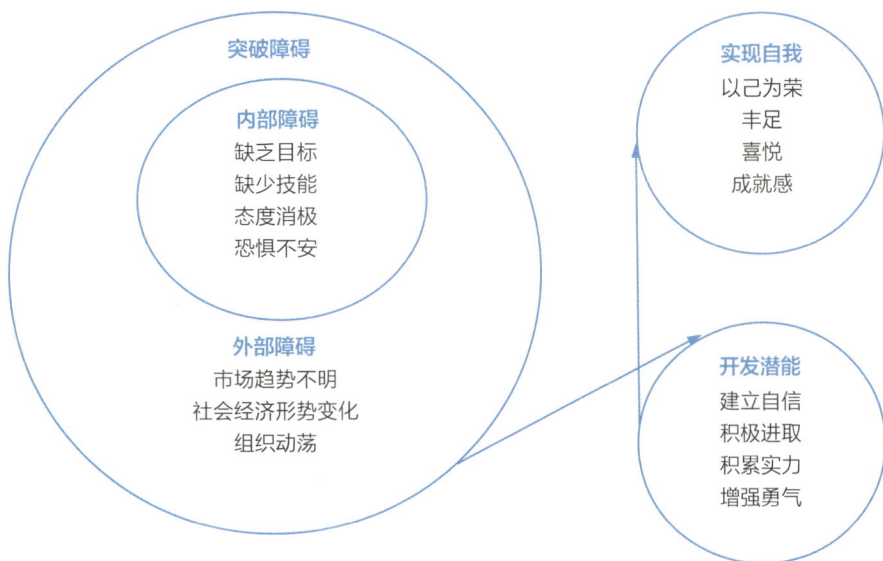

图1-1　职业规划帮助个人突破障碍开发潜能示意图

第二节
职业生涯经典理论

如果你不知道你要到哪儿去，那通常你哪儿也去不了。

——西方谚语

生涯故事

话说唐僧师徒西天取经时所骑的白龙马，本来是长安城中一家磨坊中一匹普通的白马。它一生下来就在磨坊中干活，身体强壮，吃苦耐劳，而且老老实实，从来不会捣乱。唐僧想：西天取经路途遥远，找匹马去时可以当坐骑，回来时可以负重驮经书，加上自己骑马的技术不是很高，还是挑选一匹老老实实的马吧，选来选去，就选中了白龙马。没有想到，这一去就是17年。唐僧师徒回到东土大唐后，成了全国闻名的英雄，这匹白龙马也成了取经的功臣，被誉为"天下第一名马"。

白龙马"衣锦还乡"，来到了昔日的磨坊看望往日的老朋友。一大群驴子和老马围着白龙马，听着白龙马西天取经路上的见闻，看到白龙马今日的荣耀，大家个个羡慕不已。白龙马很平静地对大家说："各位，我也没有什么了不起，只不过有幸被唐僧看上了，一步一步西去东回而已。"白龙马继续说道："其实，我去取经这17年来大家也没闲着，甚至比我还忙还累。我走一步，大家也走一步，只不过我有明确的目标，十万八千里我走了个来回，而你们却在磨坊原地踏步而已。"众驴马豁然。

小道理

方向不对，努力白费。只有方向正确加上不懈地努力，才能到达成功的彼岸。"埋头苦干"是立足当前、脚踏实地。"抬头"是辨别道路，认清方向。对于众驴马来说，只顾"低头拉磨"没有"抬头看路"，就会偏离成功的方向。在埋头苦干的同时，多抬头看看路，统筹兼顾，在职业生涯发展道路上才会少走弯路。

生涯知识

一、匹配理论

匹配理论要求个人在择业时尽量做到人-职匹配。职业选择是个人特质的延伸，要主动寻求能施展才能的工作。个人特质与工作环境之间越匹配，其职业满意度、职业稳定性和职业成就就越高。

（一）特质因素论

1909年，帕森斯（Parsons）根据多年的工作经验写了《选择职业》一书，并在书中提出了选择职业的三大要素或条件：（1）清楚地了解自己的态度、能力、兴趣、智谋、局限和其他特征；（2）清楚地了解职业选择成功的条件、所需知识，在不同职业工作岗位上的优势、不利、补偿、机会和前途；（3）上述两个条件的平衡。特质因素理论形成了著名职业选择的三步法：一是清楚了解个人的生理和心理特点；二是分析职业对人的要求；三是进行人—职匹配，人—职匹配主要分为条件匹配和特长匹配两种情况。

小贴士

特质因素论是以个人的个性心理特质作为描述个别差异的重要指标，强调个人的特质与职业选择的匹配关系。我们在使用时需要借助于一些心理测量工具来充分了解自己的智力、能力倾向、兴趣特点、个性倾向等特质，同时也需要对职业环境对个体特质的具体要求有所了解。我们所掌握的相关资料越充分就越有利于我们做出正确的职业选择。同时该理论还可以帮助个人进一步明确未来的职业发展方向。

（二）人格类型论

20世纪60年代，美国职业指导专家霍兰德在帕森斯观点的基础上，结合当时的人格心理学概念，认为职业选择是个人人格在工作世界的表露和延伸，即人们在工作选择和经验中表达自己的个人兴趣和价值。此外，霍兰德发现，个人会被某些满足其需要和角色认同的特定职业所吸引。

1. 四项核心假设

假设一：在我们的文化里大多数人可以被归纳为六种类型：现实型（Realistic Type，简称 R）、研究型（Investigative Type，简称 I）、艺术型（Artistic Type，简称 A）、社会型（Social Type，简称 S）、企业型（Enterprising Type，简称 E）和传统型（Conventional Type，简称 C），这六种类型按照一个固定的顺序可排成一个六角型（RIASEC，见图1-2）。

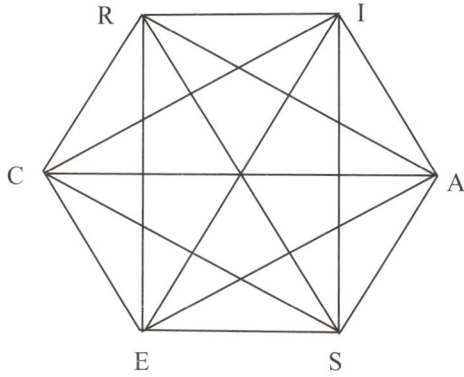

图1-2　人格六边形

假设二：社会环境中有六类职业：现实型（R）、研究型（I）、艺术型（A）、社会型（S）、企业型（E）和传统型（C）。同样，这六大职业类型与兴趣类型同样按照一个固定的顺序可排成一个六角型（RIASEC）。

假设三：人总是寻找适合个人人格类型的环境，锻炼相应的技巧与能力，从而表现出各自的态度及价值观，面对相似的问题，扮演相似的角色。

假设四：一个人的行为表现，是由他的人格与他所处的环境交互作用决定的。

2. 三个辅助假设

一致性：指类型之间在心理上一致的程度。

区分性：某些人或某些职业环境的界定较为清晰，较为接近某一类型，而与其他类型相似甚少，这种情况表示区分性良好。

适配性：指人格类型与职业类型的匹配程度。适配性是霍兰德三个辅助假设理论中最为重要的一个假设。人格类型与职业环境的适配见表1-1。

表1-1　人格类型与职业环境的适配

人格类型	特征	职业类型
现实型 R	①愿意使用工具从事操作性工作。 ②动手能力强，做事手脚灵活，动作协调。 ③偏好于具体任务，不善言辞，不善交际。 性格：持久的、感觉迟钝的、不讲究的、谦逊的	主要指各类工程技术工作、农业工作，通常需要一定体力，需要运用工具或操作机器。 主要职业有：木工、电器技师、工程师、营养专家、建筑师、运动员、农场主、森林工人、公路巡逻人员、园艺工人、城市规划人员、军官、机械操作工、维修工、安装工人、矿工、电工、司机、测绘员、描图员、农民、牧民、渔民等
研究型 I	①思想家而非实干家，抽象思维能力强，求知欲强，肯动脑，善思考，不愿动手。 ②喜欢独立的和富有创造性的工作。 ③知识渊博，有学识才能，不善于领导他人。 性格：好奇的、个性内向、非流行大众化、变化缓慢的	主要指科学研究和科学实验工作。 主要职业：生物学家、化学家、地理学家、数学家、医学技术人员、生理学家、物理学家、心理学家等自然科学和社会科学方面的研究与开发人员、专家；化学、冶金、电子、无线电、电视、飞机等方面的工程师、技术人员

人格类型	特征	职业类型
艺术型A	①讨厌结构,喜欢以各种艺术形式的创造来表现自己的才能,实现自身价值。 ②具有特殊艺术才能和个性。 ③有创造力,乐于创造新颖、与众不同的艺术成果,渴望表现自己的个性。 性格:冷淡疏远的、有独创精神的、非传统的	主要指各类艺术创作工作。 主要职业:广告管理人员、艺术教师、艺术家、作家、广播员、室内装修人员、医疗绘图师、音乐家、摄影师、公共关系专家;音乐、舞蹈、戏剧等方面的演员、艺术家、编导、教师;文学、艺术方面的评论员;广播节目的主持人、编辑、作者;家具、珠宝等行业的设计师等
社会型S	①乐于助人,喜欢从事为他人服务的工作和教育工作。 ②喜欢参与解决大家共同关心的社会问题,渴望发挥自己的社会作用。 ③寻求亲近的人际关系,比较看重社会义务和社会道德。 性格:缺乏灵活性的、亲切仁慈的	主要指各种直接为他人服务的工作,如医疗服务、教育服务、生活服务等。 主要职业:公使、教师、学校管理人员、保育、行政人员、医护人员、工作分析专家、社会工作人员、图书管理员、丧葬承办人、精神健康工作者、衣食住行服务行业的经理、管理人员和服务人员、福利人员、娱乐管理人员等
企业型E	①追求权力、权威和物质财富,具有领导才能。 ②喜欢竞争,敢冒风险。 ③精力充沛、自信、善交际,口才好,做事巧妙。 性格:善辩的、精力旺盛的、寻求娱乐、努力奋斗的	主要指那些组织与影响他人共同完成组织目标的工作。 主要职业:综合性农业企业管理人员、房地产商、经理、企业家、政府官员、律师、金融家、零售商、人寿保险代理人、采购代理人、行业部门和单位的领导者、管理者等
传统型C	①尊重权威,喜欢按计划办事,习惯接受他人的指挥和领导,自己不谋求领导职务。 ②不喜欢冒险和竞争,富有自我牺牲精神。 ③工作踏实、忠诚可靠、偏爱那些规章制度明确的工作环境。 性格:有责任心、依赖性强、高效率、猜疑心重	主要指各类文件档案、图书资料、统计工作。报表之类相关的各类科室工作。 主要职业:会计、出纳、银行职员、速记员、鉴定人、统计人员、打字员、办公室人员、秘书和文书、图书管理员、风险管理者、旅游外贸职员、保管员、邮递员、审计人员、人事职员等

资料来源:张再生.职业生涯开发与管理 [M].天津:南开大学出版社,2003.

适配性是霍兰德三个辅助假设理论中最为重要的一个假设。不同的人需要不同的工作环境。通过了解适配性的高低，可以帮助我们预测个人的职业满意度、职业稳定性及职业成就。借助霍兰德的"职业自我探索量表（SDS）"，可以用来评定个人所属兴趣类型，分析其一致性、区分性、适配性，这个量表可以很好地帮助我们进行自我探索。该理论主要适用于个体早期经过自我探索后初步确定职业类型，引导其在与个人兴趣相近的某一特定职业群内进行主动、积极的探索。

（三）社会学习论

社会学习理论是阐明"人的行为是怎样通过学习进行的"的理论。克鲁布尔兹根据这一理论来解释职业选择及其选择过程：职业选择行为是学习的结果。

1. 影响职业选择的主要因素

克鲁布尔兹提出影响职业选择的四个因素：个人的遗传素质、环境条件和社会条件、直接和间接的学习经验、接近课题的技能。

2. 理论模型

以个人素质与环境条件为基础，把学习经验与接近课题的技能作为个人的自我积累，然后，通过这两个方面在自身内部的作用，使自我观察日常化，从而形成接近课题的技能，进而做出决策行动。

二、阶段理论

发展理论就是从动态角度研究人的职业行为、职业发展阶段的。随着实践的发展，职业生涯发展阶段理论日趋成熟。比较具有影响力的是舒伯的五阶段理论和施恩的九阶段理论。

（一）舒伯的生涯发展理论

1. 五阶段生涯发展阶段

生涯辅导大师舒伯以年龄为依据，将人的职业生涯发展分为：成长阶段、探索阶段、建立阶段、维持阶段和退出阶段。

（1）成长阶段（0~14岁）。该阶段的任务是：发展自我概念，开始以各种不同的方式来表达自己的需求，且经过对现实世界不断的尝试来调整自己的角色，同时了解工作的意义，端正对工作世界的态度。

（2）探索阶段（15~24岁）。这一阶段的青少年通过学校学习、社团活动、兼职打零工等机会，对自我能力及角色、工作世界进行深入的探索，从而使职业偏好逐渐具体化、特定化，并且初步实现职业目标。

（3）建立阶段（25~44岁）。这一阶段的任务是统整、稳固并追求上进，即经过探索后，能明确自己在整个生涯发展中的长远目标和属于自己的位置。

（4）维持阶段（45~64岁）。这一阶段的任务是维持既有成就与地位。

（5）退出阶段（65岁以上）。这一阶段的任务是注重发展新的角色，寻求不同的方式以替代和满足从工作中得到的需求，或做曾经想做而又没有做的事情。

2. 循环式生涯发展阶段（表1-2）

表1-2　循环式生涯发展阶段

生涯阶段	青年期（15~24岁）	成年期（25~44岁）	中年期（45~64岁）	老年期（65岁以上）
成长期	发展适合的自我概念	学习与他人建立关系	接受自身的限制	发展非职业性的角色
探索期	从许多机会中学习	寻找心仪的工作机会	辨识新问题，设法解决问题	寻找合适的退隐处所
建立期	在选定的领域中起步	投入所选定的工作中	发展新的技能	努力实现未完成的梦想
维持期	确定目前所做的选择	致力于维持工作的稳定	巩固自我，防备竞争	维持生活环境
退出期	减少休闲活动时间	减少体能活动时间	专注于必要的活动	减少工作时间

在后期的研究中，舒伯对于发展阶段的理论又进行了深化，他认为在各

个发展阶段中同样要经历成长、探索、建立、维持和退出阶段。这样就形成了一种螺旋循环式发展模式。这种大阶段套小阶段的模式丰富和深化了生涯发展阶段的内涵。

3. 生涯彩虹图

舒伯为了综合阐述生涯发展阶段与人生角色彼此间的交互影响，创造性地描绘出一个多重角色生涯发展的综合图形——生涯彩虹图（图1-3），形象地展现了人生发展的时空关系。

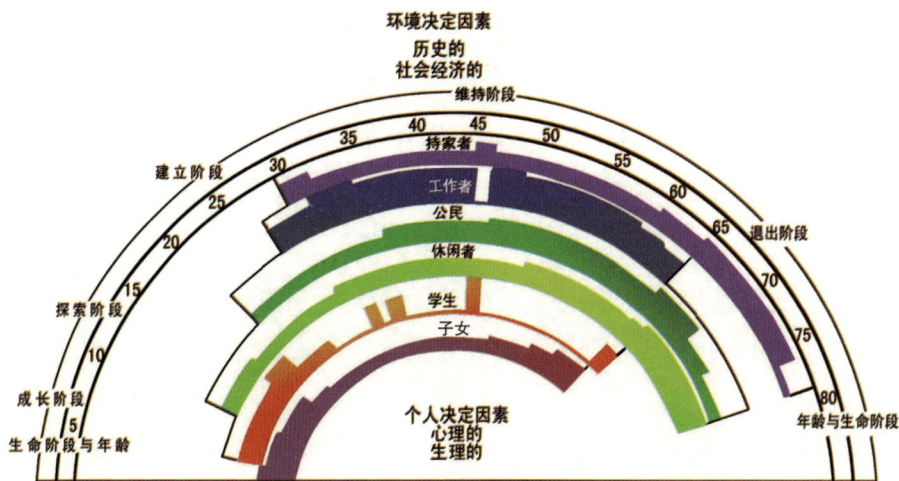

图1-3　生涯彩虹图

（二）施恩的生涯发展理论

美国著名职业管理学家施恩根据人的生命周期的特点及不同年龄段所面临的问题和职业工作主要任务，将职业生涯发展分为9个阶段，见表1-3。

 小贴士

职业生涯发展阶段理论认为个体的职业生涯发展是一个有次序、具有固定型态的过程，每个阶段的发展都是可以预测的。该理论将个人整个职业生涯发展进行了阶段划分，并指出了各个阶段所扮演的职业角色所处的职业状态以及需承担的发展任务，为我们进行职业生涯规划提供了很好的理论依据。

表1-3　施恩的职业生涯发展九阶段论

阶段名称	年龄	角色	主要任务
成长、幻想、探索阶段	0～21岁	学生、工作申请者	1. 发展和发现自己的需要、兴趣、能力和才干,为将来的职业选择打好基础; 2. 学习职业方面的知识;做出合理的受教育决策;开发工作领域中所需要的知识和技能
进入工作世界	16～25岁	应聘者、新学员	1. 进入职业生涯; 2. 学会寻找并评估一项工作,做出现实有效的工作选择; 3. 个人和雇主之间达成正式可行的契约;个人正式成为一个组织的成员
基础培训	16～25岁	实习生、新手	1. 了解、熟悉组织,接受组织文化,克服不安全感;学会与人相处,融入工作群体; 2. 适应独立工作
早期职业的正式成员资格	17～30岁	取得组织正式成员资格	1. 承担责任,成功地履行第一次工作任务; 2. 发展和展示自己的技能和专长,为提升或横向职业成长打基础; 3. 重新评估现有的职业,理智地进行新的职业决策;寻求良师和保护人
职业中期	25岁以上	正式成员、任职者、终生成员、主管、经理等	1. 选定一项专业或进入管理部门; 2. 保持技术竞争力,力争成为专家或职业能手; 3. 承担较大责任,确定自己的地位; 4. 开发个人的长期职业计划; 5. 寻求家庭、自我和工作事务间的平衡
职业中期危险阶段	35～45岁	正式成员、任职者、终生成员、主管、经理等	1. 现实地估计自己的才干,进一步明确自己的职业抱负和个人前途; 2. 就接受现状或者争取看得见的前途做出选择; 3. 与他人建立良好的关系
职业后期	40岁到退休	骨干成员、管理者、有效贡献者等	1. 成为工作指导者,学会影响他人并承担责任; 2. 提高才干,以担负更重大的责任; 3. 选拔和培养接替人员; 4. 如果求安稳,就此停滞,则要接受和正视自己影响力和挑战能力的下降
衰退和离职阶段	40岁到退休		1. 学会接受权力、责任、地位的下降; 2. 学会接受和发展新的角色; 3. 培养工作以外的兴趣、爱好,寻找新的满足源; 4. 评估自己的职业生涯,着手退休
退休	因人而异		1. 适应角色、生活方式和生活标准的急剧变化,保持认同感; 2. 保持自我价值感,运用自己积累的经验和智慧,以各种资深角色,对他人进行传、帮、带

三、适应理论

20世纪60年代，戴维斯（Dawis）和罗奎斯特（Lofquist）发展出了一种个人与情境一致性的理论——工作适应理论。

罗奎斯特和戴维斯于1969年针对个人与情境的关系，提出了工作适应过程的概念框架，见图1-4。

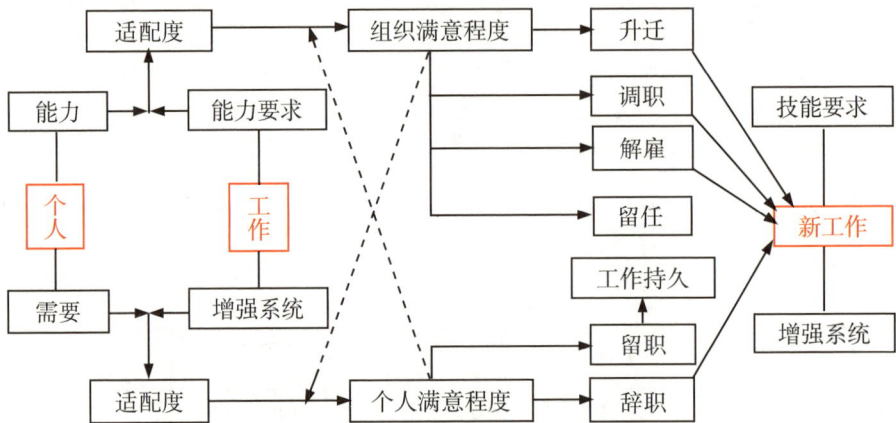

图1-4 工作适应理论图解

小贴士

工作适应理论强调个人能力与工作要求、个人需要与工作环境增强系统之间的配合与协调发展。该理论可以很好地解释个人对组织的满意度问题和组织对个人的满意度问题。当你在工作中感到不愉快时，考虑一下是自己的能力不足还是组织不能满足你的需求，问题的澄清有利于我们做出正确的职业决策和职业行为。

四、人的全面发展理论

马克思主义关于个人全面发展的学说，是确定教育方针、目的和任务的重要论据。实现每一个人的自由全面发展是马克思主义的最高价值目标。

　　个人的全面发展与个人的片面发展是相对而言的，它的本来含义是指每一个人的智力、体力在社会生产过程中尽可能多方面地、充分地、自由地、和谐地发展，最根本的是个人劳动能力的全面发展，使人们都成为"各方面都有能力的人，即通晓整个生产系统的人"。人的全面发展是指人的本质的全面发展，包括人的需要、人的能力、人的社会关系、人的个性的全面发展四个方面。

小贴士

　　人的全面发展理论是马克思主义的基本原理之一，是我国教育方针的理论基石。随着时代的变迁，该理论的内容不断丰富并与时俱进。从中华人民共和国成立初期的"德育、智育、体育得到发展"到现在的"德智体美劳全面发展"，这些都是人的全面发展理论在我国不同阶段的教育方针上的体现。

第三节
生涯发展型态

世上只有一种英雄主义，就是在认清生活真相之后依然热爱生活。

——罗曼·罗兰

我们已经了解了职业生涯规划的基本概念和基本理论，接下来我们继续学习在人生旅途中，我们的生涯会有怎样的发展和变化呢？

生涯知识

个人的职业转换与工作投入状况，被我们称为职业型态。我们可将职业生涯成长型态大致分为以下六种：

一、步步高升型（图1-5）

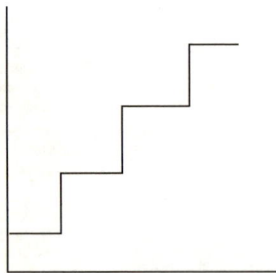

图 1-5　步步高升型

说明：在一个组织，认真经营，即使工作地点或工作内容因公司的需要而有所改变，但是工作表现颇受主管的肯定，晋升速度较快。

二、阅历丰富型（图1-6）

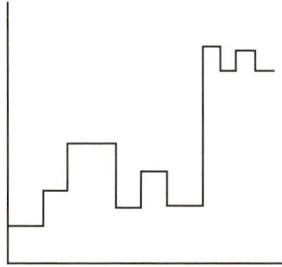

图 1-6　阅历丰富型

说明：换过不少工作，待过很多家公司，工作的内容差异性很大，勇于改变与创新，而且学习能力强，能面对各种突发的情况。

三、稳扎稳打型（图1-7）

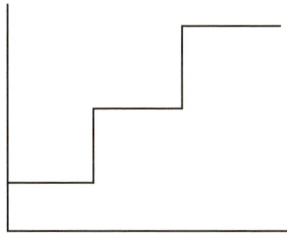

图1-7　稳扎稳打型

说明：在工作机构，比如学校、行政机关、研究所，认真经营，一步一个脚印发展。在此类机构的升迁与发展虽然缓慢，但是非常稳定。

四、少年得志型（图1-8）

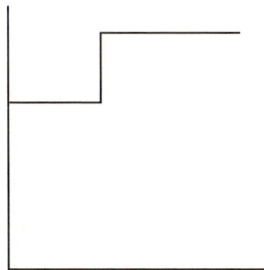

图1-8　少年得志型

说明：对于自己的职业，并没有花太多时间，反而因为家庭的关系很早就确定了方向。被刻意地栽培与巧妙地安排后，进入公司的决策核心。

五、因故中断型（图1-9）

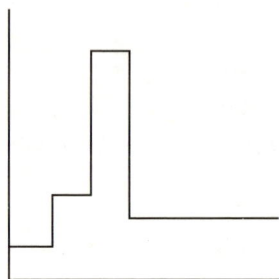

图1-9　因故中断型

说明：连续性的职业发展因为某些因素而停顿，处于静止状态或衰退状态。

六、一生平凡型（图1-10）

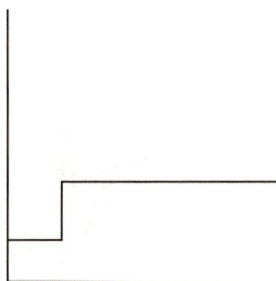

图1-10　一生平凡型

说明：有份稳定的工作，同时在工作之余还从事其他类型的工作，以使生活更为丰富。

认识自我

第一节
职业性格

人在出生的时候，确定有某一种性格，而且每一个人的性格又不同于同侪的性格。

——威廉·葛德文

生涯故事

杭芸从小就不喜欢热闹。别的小朋友嘻嘻哈哈地玩在一块儿的时候，她就静静地坐在旁边看，或者自己躲在一边安静地看书、玩游戏。刚上初中的时候，杭芸特别羡慕班上的小丽同学，因为小丽和谁都自来熟。反观自己，杭芸觉得自己太被动了，她不敢像小丽那样，主动去交新朋友。因为小学的好朋友不在同一个学校，所以有一段时间，杭芸觉得很孤单，直到上初中两个月后，杭芸和同桌渐渐熟了，也慢慢成了好朋友，她的心情才好多了。

和同学们在一起的时候，杭芸大多数时间是听众。通常情况下，她不会主动发表自己的看法，非要发表意见的时候，她也是思考一会儿后再说，所以她给人的感觉似乎有点反应迟钝。

杭芸还有一些烦恼，就是她觉得自己的想象力不如别人。美术鉴赏课上，别人可以捕捉到画外的意义，而她看到的只是画面上的实际情况；她觉得明明是一件很合理的事情，到了别人那里又不按常理去办；和同学组织一次活动，她做了很久、很详细的计划，还不如人家最后一分钟的决定。

很显然，杭芸比较内向，小丽比较外向，但这并不代表杭芸就不如小丽。每个人都有属于自己的性格，有各自的优点和缺点，所以不必妄自菲薄，正确地了解自己的性格就好啦！

生涯知识

性格（character）是指个人稳定的态度和习惯化了的行为方式，主要是指一个人在各种场合一贯表现出来的某种特征。

性格类型与职业之间存在一定的关联性（表2-1）：一方面是不同性格类型适应不同职业；另一方面是从事某种特定职业的人，会按照职业要求不断巩固或者调整原有的性格特征，甚至改变职业原有的一些特点。但是，性格与职业之间并不存在严格一一对应的关系。不同性格类型的人在同一职业领域中，能够各具特色。同时，同一性格的人在不同职业领域中，也会各有魅力。

目前，心理学家已经发展出很多有关性格的分类方法，比如九型人格、大五人格、16PF 等。在职业选择与发展领域，应用最广泛的是基于著名心理学家荣格（Jung）心理类型理论而发展出的"梅尔—布瑞格斯心理类型指标"（Myer-Briggs Type Indicator，简称 MBTI）。

> 同学们可以扫码进行职业性格在线测评，获取自己的 MBTI 职业性格代码。

表2-1　16种职业性格类型的特点及适合的职业领域[①]

ISTJ（稽查员）	ISFJ（保护者）	INFJ（咨询师）	INFP（导师）
性格特点： ●严肃、有责任感； ●严谨、勤奋、有条不紊而且专心致志； ●能记住细节，并对细节很有判断力； ●喜欢事情被切实而清楚地安排好	**性格特点：** ●忠诚、投入，对他人的情感有敏锐的感觉； ●愿意把事情清楚而明确地安排好； ●比较保守，有传统观念； ●安静而且谦逊，认真严肃，工作努力	**性格特点：** ●生活在一个充满想法的世界中，是独立的思考者； ●相信自己的想法和决定，就算面对别人的质疑； ●忠诚、有责任心，并且理想化； ●全力维护人际关系和避免冲突； ●认真思考后再行动，在同一时间只做一件事情； ●重感情、有同情心，有非常强的愿望为大穷做贡献	**性格特点：** ●把内在的和平看得比什么都重要； ●比较通融、较有容忍力、适应性强； ●思路开阔、好奇心强、有洞察力、富有远见； ●一旦做出选择就约束自己去完成； ●对他人的情感十分在意，避免冲突； ●能很好地把自己的情感表达出来，通常表现得沉着而冷静
适合的职业领域： ●商业； ●销售／服务业； ●教育； ●法律／应用科学； ●卫生保健	**适合的职业领域：** ●卫生保健； ●社会服务／教育； ●商业／服务业； ●设计／技术	**适合的职业领域：** ●咨询／教育； ●宗教； ●创造性的职业； ●健康保健／社会服务； ●商业； ●技术服务	**适合的职业领域：** ●创造性职业／艺术； ●教育／咨询； ●宗教； ●健康保健； ●技术服务

---

① 保罗·D.蒂戈尔,巴巴拉·巴伦-蒂戈尔.就业保典　根据性格选择职业[M].李楠,等,译.北京:中信出版社,2002.

ESTJ（督导）	ESFJ（提供者）	ENFJ（教师）	ENFP（激发者）
性格特点： ●喜欢做决定； ●很实际，对具体的事物更感兴趣； ●生活很有原则； ●外向、社会型、直爽而友好	**性格特点：** ●喜欢通过直接的行动与合作给他人提供实际的帮助； ●非常重视与他人的关系； ●很实际而且有条理； ●谨慎而传统	**性格特点：** ●把人和人际关系看得比什么都重要； ●对自己敬仰的人、事业和工作单位非常忠诚； ●有一种自我批评的倾向，很少在公共场合批评他人； ●做决定时常基于自己的感觉； ●富有同情心，能够理解、支持、帮助他人	**性格特点：** ●充满热情并富有新思想； ●看重事情的含义，并且把大部分选择都留着； ●有想象力、适应性强，并且很警觉； ●精力充沛，喜欢面对和解决问题； ●总是避免矛盾，崇尚和睦
适合的职业领域： ●营销／服务； ●科学技术／自然物理； ●管理； ●专业人员	**适合的职业领域：** ●卫生保健； ●社会服务／咨询； ●商业； ●销售／服务业； ●文书	**适合的职业领域：** ●信息传播； ●咨询顾问； ●教育／服务业； ●卫生保健； ●商业／咨询 ●技术服务	**适合的职业领域：** ●创造性职业； ●营销／策划； ●教育／咨询； ●健康保健／社会服务； ●企业／商业； ●技术服务

ISTP（操作者）	ISFP（艺术家）	INTJ（智多星）	INTP（设计师）
性格特点： ●诚实而且实际，更喜欢行动而不是言语； ●善于分析，对客观含蓄的原理感兴趣； ●好奇心强、善于观察，只信服坚实可信的事实； ●安静而沉默	**性格特点：** ●更习惯于用行动表达自己的感受； ●其实非常热情，但不喜欢表现出来； ●有耐心、易通融，不对别人发号施令； ●完全着眼现在，喜欢享受现在的经验而不是迅速冲向下一个挑战目标； ●没有领导别人的欲望，往往是忠实的跟随者和合作伙伴	**性格特点：** ●追求完美，对自己和别人要求都很严格； ●喜欢用自己的方式做事； ●具有创造性思维，杰出的洞察力和远见； ●如果主意或计划是自己的，会投入难以置信的精力、专心和动力	**性格特点：** ●善于处理概念性问题； ●外表安静、深藏不露、独立； ●常常在内心中投入地思考问题，是天才而有创意的思考者； ●对创造性地寻找解决问题的办法感兴趣

ISTP（操作者）	ISFP（艺术家）	INTJ（智多星）	INTP（设计师）
适合的职业领域： ●销售/服务业/活动； ●技术； ●健康护理 ●商业/金融； ●"手工"/贸易	适合的职业领域： ●手工艺/技工； ●健康护理； ●科学技术 ●销售/服务业； ●商业	适合的职业领域： ●商业/金融； ●技术； ●教育； ●健康保健/医药； ●专业性职业； ●创造性职业	适合的职业领域： ●电脑应用及开发； ●健康护理及技术； ●专家/商业； ●学术研究； ●创造性的职业
ESTP（发起者）	**ESFP（示范者）**	**ENTJ（统帅）**	**ENTP（发明家）**
性格特点： ●从不担心，是天生的乐天派； ●极端现实，相信自己的感觉带给他们的信息； ●重视行动而不是言语； ●友好、受欢迎，在社交场合中能很放松和自由	**性格特点：** ●经常以单纯而不怕难为情的方式给别人带来快乐； ●适应性强，随遇而安； ●现实的观察者，能够看到并接受事物的本来面目； ●能够容忍和接受自己和别人，而且不喜欢把自己的意愿强加给别人	**性格特点：** ●不轻易批评别人，而且不喜欢说不； ●善于做决定； ●注重真理，只有经过逻辑推理之后才会信服； ●在做计划和研究新事物时很系统化； ●善于组织群众，乐意把自己的想法与他人分享	**性格特点：** ●喜欢挑战； ●事业心强； ●机警而坦率，可以从任何角度找出问题所在； ●喜欢测试周围的限度； ●通常能用自己的热情打动别人加入自己的事业中
适合的职业领域： ●销售/服务业； ●金融； ●娱乐/体育； ●商贸/手工类； ●商业	适合的职业领域： ●教育/社会服务； ●健康护理； ●娱乐业 ●商业； ●服务业； ●环境科学家	适合的职业领域： ●商业； ●金融； ●咨询/培训； ●专业性职业； ●技术	适合的职业领域： ●企业家/商人； ●销售/创作； ●计划和开发； ●政治

第二节
职业兴趣

兴趣是最好的老师。

——爱因斯坦

生涯故事

2001年5月,美国内华达州的麦迪逊中学在入学考试时出了这么一个题目:比尔·盖茨的办公桌上有五个带锁的抽屉,分别贴着财富、兴趣、幸福、荣誉、成功五个标签,盖茨总是只带一把钥匙,而其他四把锁在抽屉里。请问盖茨带的是哪一把钥匙? 其他四把锁在哪一个抽屉里?

一个刚移民美国的中国大陆学生看到这个题目,一下慌了手脚,他没有答。考试结束后,他问学校的一名理事。理事告诉他,这道题没有标准答案,每个人都可以根据自己的理解自由回答，但老师有权根据自己的观点给一个分数。这个中国学生在这道9分的题上得了5分。老师认为，他没有答一个字，至少说明他是诚实的。而他的同桌回答了这个问题，老师给了1分。同桌的答案是，盖茨带的是财富抽屉的钥匙，其他钥匙都锁在这个抽屉里。比尔·盖茨在给这个学校的信中说："在你最感兴趣的事物上，隐藏着你人生的秘密。"

小道理

兴趣是一种发自内心的原动力。遵从内心，找到自己的兴趣点，做自己喜欢的事情，从事自己真正喜欢的职业，你会发现，你会活得很快乐。

生涯知识

兴趣是我们在从事不同的活动时，心中所产生的情绪状态。兴趣关系着你是否能长期投入在某一个理想上，不仅无怨无悔，而且乐在其中。那么，怎样才能了解自己的兴趣呢？

首先，兴趣不等于特长。随着社会的快速发展，人们的生活压力越来越大，父母和老师寻找各种机会培养我们的特长，以增加我们未来应对激烈竞争的筹码。如有的同学擅长钢琴，有的同学在奥数方面初显天赋，有的同学长于运动等，但是这些不一定是你的兴趣。为了找到真正的兴趣和激情，请你扪心自问：对于某件事，你是否十分渴望重复它，是否能愉快地、成功地完成它？是否总能很快地学习它？你的人生中最快乐的事情是不是和它有关？如果你的回答是肯定的，那么祝贺你，你找到了你生涯发展中的原动力。

其次，主动寻找你的兴趣。找到兴趣的最佳方法是开拓自己的视野，尽可能接触众多的领域。如果你不了解自己的兴趣，可以通过图书馆、网络、讲座、朋友交流、参加各种校园活动等方式接触不同领域的专家或朋友，寻找自己的兴趣爱好。或许，在尝试各种活动的过程中，你会遭遇失败的挫折，但是，你并不是绝对的失败者。因为任何失败都有使人成长的意义，你已经

从中得到了教益，而且也会找到自己的兴趣所在。

最后，培养自己的兴趣。或许你对学校的功课不感兴趣，但是，作为中学生，目前最重要、最急迫的事情是把功课学好，这样你才能拥有一个更大更广的选择平台，即在大学广阔的天地中去学习真正感兴趣的专业和方向。有了对未来的美好憧憬和期待，你对目前学校功课的间接兴趣会大增。

让兴趣成为我们学习的方向盘，成为未来职业发展的助动力！

> 同学们可以扫码进行职业兴趣在线测评，获取自己的霍兰德职业兴趣代码。

第三节
职业价值观

你的价值观决定了你的人生道路，决定了你作出什么样的选择，同时，它能影响你发挥潜能的程度。

——丹尼斯·维特利

生涯故事

张亚玲是某外国语学院附中的高三学生。自读小学的时候起，她就是父母的乖乖女，学习努力，成绩在班级名列前茅。小学升初中时，她被直接选拔到当地某重点初中，后又因学习成绩优异被保送到外国语学院附中。每当别人问起父母自己在哪个学校就读时，父母言语里掩饰不住的自豪以及别人的羡慕让亚玲心中充满了优越感。她想，自己一定要做最好的学生，永远让父母在别人面前有面子。

然而，学校出现的出国热潮让亚玲的优越感受到了威胁。班级里学习成绩中等偏上水平的同学几乎都选择了出国留学。亚玲认为，以她的学习水平，通过出国留学考试肯定没有问题。可是，由于自己家庭的经济条件一般，父母并不赞成自己出国，说在国内读大学也是不错的选择。亚玲心中充满了挫败感，她认为自己一直那么优秀，却在大学的选择上落在了其他同学的后面，感觉很没有面子，自己的人生很失败，美好的理想破灭了。

这个故事告诉我们，不要因和别人攀比而肯定或否定自己的价值，真正的成功应该是无论在什么环境下，都要做最好的自己。

生涯知识

在生活中我们经常面临选择：什么是对，什么是错；哪些重要，哪些不重要等。每个人心中都有着一杆秤，称量着周围事物的是非、善恶和重要性。这杆秤就是我们的价值观。

一、价值观

价值观的形成与许多因素有关，我们的成长背景影响着我们的价值观。我们受教育的经历、环境（如校园环境、班级风气、社会上的舆论导向等），以及文化传统等都在潜移默化中塑造着我们的价值观，影响着我们的态度、情感和行为。可以说，价值观是我们认识自己、确定自我形象的内在标准，也是人生里程的定向器。

二、工作价值观

工作价值观是指与职业有关的价值观，反映了个人对某种职业优劣和重要性的内心尺度。一个人愈清楚自己的价值观是什么，在面临人生重要的决定或职业选择时，就愈能为自己做出正确的选择。

同学们可以扫码进行职业价值观在线测评，获取自己的职业价值观代码。

第四节
职业能力

天生我材必有用。

——李白

生涯故事

他出生在美国新泽西州一个贫穷的外来移民家庭。

从小他是个腼腆内向的孩子，和他一样大的孩子都不喜欢和他在一起，因为他什么也不会。

每次考试，他都是倒数几名。老师不想让他回答问题，因为他总是羞涩地说不知道。大家认为他是笨蛋，是白痴。伙伴们嘲笑他，说他永远和失败在一起，是失败的难兄难弟。邻居们说，这个孩子注定将来一事无成。父母听到这样的话，暗暗为他担心。

他努力过，可是收效甚微，自己在学业方面取得的进步几乎为零。但是，他还是在不断努力。

每天，他醒来后都害怕上学，害怕被嘲笑。周末，他坐在自家的门前，看着草地上喜笑颜开的男孩们，感到自己的未来一片渺茫。

时间在一天天地流逝，而学校也在考虑劝其退学。

一次，他看到一个老人为了一张被老鼠咬坏的一美元钞票而痛哭不已。

为了不让老人伤心，他悄悄回家将自己平时积攒的硬币换成一张一美元的钞票交给了老人，说这是他用魔法变回来的。老人激动不已，说他是个善良聪明的孩子。

父亲知道这件事后，认为自己的孩子还不是个笨到家的人。接下来的这天，是他永远都不会忘记的。

父亲要带他出门，目的地是波士顿。他说，我们坐汽车可以到达。父亲说，那我们坐汽车吧。可是，在中途的一个小站，父亲下车买东西忘记了汽车出发的时间。就这样，汽车在他的喊叫声中呼啸着开走了。他很害怕，心想这下怎么办，没有汽车，父亲怎么到波士顿呢？波士顿汽车站到了，他下车时却看到父亲正在不远处等着他。他快速跑了过去，扑进父亲的怀抱，诉说一路的忐忑不安，害怕父亲到不了波士顿，并惊讶父亲是如何到达的。

父亲说："我是骑马来的。"

"是这样的！"他惊讶不已。父亲说，只要我们能到达目的地，管它用什么方式呢，孩子，就像你学业不成功，并不代表你在其他方面不能成功，换一种方式吧！此时，他猛然醒悟。

后来，他看到很多人为了自己的理想不能实现而痛苦不已，就想假如自己用魔法帮助他们实现，即使是假的，但起码从精神上减轻了他们的痛苦。

从此，他对魔术表现出浓厚的兴趣，并跟随一些魔术师学习魔术。

他克服心中的怯懦，为自己的梦想开始奋斗。

他为了实现自己的梦想而进行的努力受到了父母的鼓励。

教他魔术的老师发现他在这方面具有很高的悟性，学东西很快，而且每次在原有的基础上都能创新。很快，老师的技巧便被他学光了，他不得不换老师。就这样，在短短的两年时间里，他换了四个魔术老师。

他就是大名鼎鼎的魔术师大卫·科波菲尔。

有人问他是怎么成功的，大卫·科波菲尔说："父亲告诉我，成功对我们来说好比是个固定的车站，我们在为怎么到达而绞尽脑汁，大家都在争夺汽车上的座位，没有得到座位的人不得不等下一班汽车，可是，为什么我们不能骑马或者乘轮船去车站呢？这样，我们不是也到达了吗？只不过我们换了一种方式。"

最后，大卫·科波菲尔又说："后来我知道，这一切是父亲安排好的，其实那个小站离波士顿很近，骑马竟然比坐汽车还快，所以父亲到得比我还早。"

道理浅显易懂，可是真正理解它并付诸行动的人却很少。

小道理

大卫·科波菲尔的故事告诉我们，每个人都有其独特的才干以及自身独有的优势。比如，有的人数理能力不好，但是语言能力极强；有的人不擅长与人交往，但是做技术却是一把好手……因此，成功的关键一步是清楚了解自己的优势所在，并想办法最大限度地发挥自身的优势。

生涯知识

职业能力是指个人的优势潜能或学习本领，是个人经由后天学习所获得的知识与技能，且能应用到工作中，可帮助个人完成价值目标。在我们的生涯发展中，需要拥有哪些能力呢？

1. 基本能力：了解自我、搜集资料与解决问题的能力是成功生涯所必须具备的三项基本能力。

（1）了解自我的能力。我是一个怎样的人？我喜欢做什么？我想成为怎样的人？

（2）搜集资料的能力。在搜集资料时，要问自己几个问题：我要搜集什么资料？为什么要搜集此资料？要搜集什么时候的资料？要到哪里搜集资料？有谁可以提供此资料？要怎样去搜集此资料？

（3）解决问题的能力。有效解决问题的步骤：确定问题—搜集与问题相关的信息—提出解决问题的可能策略—评估最佳解决策略—解决和处理问题—评估并修正。

2. 专业能力：指某些领域的专业知识与精湛的专业技能，如计算机操作能力、外语能力等。怎样培养自己的专业能力呢？对于中学生来说，听课、自学、阅读都是不错的选择。有人说，计算机操作能力、外语能力以及终身学习能力是21世纪的通行证，你准备好了吗？

3. 社会技能：指正确的沟通技巧、良好的人际关系与有效管理时间的能力。经常参加学校组织的各项活动，可以有效提高你的社会技能。

4. 谋职技巧：你知道将来找工作可以通过哪些渠道吗？怎样写求职信？面试的时候怎样回答考官的问题？业余时间关注一下求职方面的信息，有意识地锻炼自己的口才以及演讲的能力，培养自己良好的书面表达能力都会在将来求职时助你一臂之力。

同学们可以扫码进行多元智能在线测评，获取自己的多元智能代码。

了解工作世界

第一节
了解工作世界的方法

知己知彼，百战不殆。

——《孙子·谋攻》

2017年7月，数据分析师王某和老东家就解除合同赔偿问题对簿公堂——他从事了13年的工作被一套智能系统取代，这起案件被法律界称为上海首例智能取代人工劳动争议案。

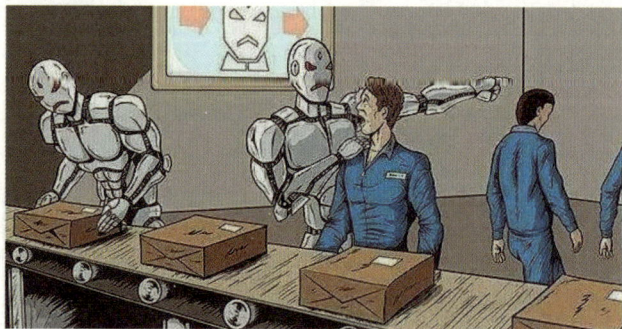

2004年，王某入职上海某知名百货公司（下称"公司"），工作内容包括数据收集和分析工作。2014年，10年工作期满后，公司与他签订了无固定期限劳动合同。2016年春节前后，公司的智能ERP管理系统上线。按照公司的说法，这一系统上线后，数据收集工作完全可以实现智能化。从时间的对比来看，本身这项工作完全人工操作需要8小时，系统上线后，可能仅仅只需花10分钟就能完成。

在仲裁庭审现场，王某所在的公司认为，上述岗位智能化后没有存在人工岗位的意义。2017年1月，公司正式取消了王某所在的岗位。2017年5月，公司以调岗协商无法达成一致为由，解除了与王某之间的劳动合同，并进行了解除劳动合同的经济补偿，月薪3万元的工作说没就没了。

不论案件最终的仲裁结果如何，机器智能ERP系统取代王某的工作已然是事实，当机器在某些方面比人更智能更厉害时，我们无法避免机器上岗、人类下岗的情况再次发生。

小道理

随着智能技术的发展，未来将有越来越多的工作被机器人所取代。所以，紧跟时代，看清现实，早日对自己未来的职业进行规划，在现在这个快速发展的时代显得尤为重要。

生涯知识

生涯规划需要个体了解自我，更需要对职业社会有所认知，所谓知己知彼，百战不殆。我们可以通过以下方法对工作世界有一个简单的了解。

一、间接了解

（一）出版物

《中华人民共和国职业分类大典》是我国唯一一部有关职业的分类大典。它对每个职业的职业描述、工作内容进行了详细说明。该书对计算机软件技术人员的介绍见图3-1。

2-02-13(GBM 1-44)

计算机与应用工程技术人员

从事计算机硬件、软件、网络研究、设计、开发、调试、集成、维护和管理以及系统分析的工程技术人员。

本小类包括下列职业：

2-02-13-01 计算机硬件技术人员

从事计算机硬件技术研究、设计、开发、调试、集成、维护和管理的工程技术人员。

从事的工作主要包括：(1)研究计算机体系结构；(2)对计算机系统进行逻辑设计和模拟验证；(3)研究、设计、开发和测试计算机硬件；(4)对计算机硬件及其设备进行集成、维护和管理。

2-02-13-02 计算机软件技术人员

从事计算机系统软件和应用软件研究、设计、开发、测试、集成、维护和管理的工程技术人员。

从事的工作主要包括：(1)研究计算机软件技术和方法；(2)设计计算机软件，并进行编码和测试；(3)对计算机软件系统进行分析、集成；(4)对计算机软件进行维护和管理。

2-02-13-03 计算机网络技术人员

从事计算机网络和计算机通信技术研究、设计、开发、安装、集成、调试、维护和管理的工程技术人员。

从事的工作主要包括：(1)研究计算机网络结构、协议和标准；(2)研究、设计、安装和调试计算机网络硬件和软件；(3)研究、设计、管理、维护和测试计算机网络系统；(4)对计算机网络工程进行设计、集成和施工。

图3-1 《中华人民共和国职业分类大典》对"计算机软件技术人员"的介绍

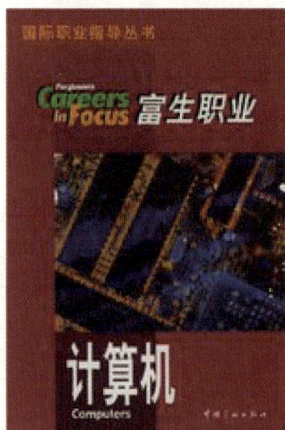

图 3-2 《富生职业》封面

《富生职业》（图 3-2）一书由美国卷宗出版社授权中国宇航出版社独家出版，曾发表于美国《职业展望》杂志。

《中国大学生就业》是一本大学生可以容易获得的杂志。《中国大学生就业》由中华人民共和国教育部主管，全国高校学生信息咨询与就业指导中心、高等教育出版社主办，是全国唯一的为大学生就业提供指导与服务的专业性月刊。通过《中国大学生就业》杂志，我们可以获得非常丰富的校园、行业、企业等方面的信息。

（二）互联网

互联网为我们搭建了便捷的信息获取平台，我们可以在平台上获取丰富的工作世界相关信息与资料。政府的人力资源和社会保障部门的官方网站、各行业协会主办的行业网站、人才招聘类网站、搜索引擎以及各企业、单位和高校的官方网站，都是我们了解工作世界的便捷途径。见图3-3至图3-6。

图3-3　中华人民共和国人力资源和社会保障部官网

图3-4　职业搜索引擎 CAREERJET 官网

图3-5　北京大学就业信息网

图3-6　华为技术有限公司官网

（三）影视资料

除了可以在前面提到的出版物和互联网中获取相对静态的工作世界信息，我们还可以在电影、电视节目以及互联网上的相关视频中获取很多有关工作世界的信息。比如中央电视台曾经的《劳动·就业》节目就是以宣传劳动就业为主题，将知识性与服务性有机结合的大型杂志性电视专栏节目。此外，一些地方卫视频道也推出了与求职或职业发展相关的真人秀节目，比如《职来职往》《非你莫属》《勇往职前》《挑战者联盟》等，这些节目帮助求职者正确地对待自己与职场，为多样的职场人士提供就业机会与平台。无论是从电影还是电视节目中，我们都可以去主动探索工作世界，了解各行各业的情况与信息。

二、直接接触

（一）生涯人物访谈

要了解工作世界，对职场人士的访谈也是很好的途径和方法。榜样的力量是无穷的。生涯人物的成就、闪光点或告诫都能带给我们有效的激励、鞭策和教训。

我们可以通过老师或亲戚的推荐，或是主动去联系一位从事你感兴趣职业的资深工作者或至少有三年以上工作经验者进行访谈，从而了解和收集该职业的相关资讯，以及他／她从事该职业的心得和经验。在正式访谈前，我们需要做好充分的准备，预约好访谈时间、地点、形式，准备好访谈清单（表3-1）。

表3-1　生涯人物访谈清单

职业资讯方面	生涯经验方面
1. 工作性质、任务或内容	1. 个人教育或训练背景
2. 工作环境、工作地点	2. 投入该职业的决策过程
3. 所需教育、训练或经验	3. 生涯发展历程
4. 所需个人资格、技能	4. 工作心得：乐趣和困难
5. 收入或薪资范围、福利	5. 对工作的看法
6. 工作时间	6. 获得成功的条件
7. 相关就业机会	7. 未来规划
8. 进修和升迁机会	8. 对后进者的建议
9. 组织文化和规范	
10. 未来发展前景	

（二）工作跟随

工作跟随（job shadow），即跟随一名在职人士，通过观察该人士的工作，直观地了解从事该职业的人士是如何工作的。当然，工作跟随除了像"影子"一样跟随对方，观察对方之外，还需要和对方进行深入交谈。通过工作跟随，可以更实际地观察其工作情形、工作内容等，以评估自己对该类工作的喜好或适合程度。

（三）社会实践

社会实践包括兼职、实习、社会活动、校园活动等。很多同学认为兼职仅仅是赚点钱或锻炼能力，其实在兼职过程中，我们还可以更深入地了解工作世界。另外，现在很多企业尤其是大型企业，会在夏天开办"暑期夏令营"，欢迎各类学生入营了解企业和工作。我们要善于通过学校或网络等途径获取企业实习岗位或夏令营的信息，亲自走进企业去了解工作世界。除此之外，还有一些政府组织、社会团体、媒体或学生社团组织的各种活动，比如"职业生涯规划大赛""职场精英挑战赛""职业体验营"等对我们了解工作世界也是有帮助的。

第二节
职场概况

一个成功的决策，等于90%的信息加上10%的直觉。

——S. M.沃尔森

生涯故事

  肖晓现在武汉某大型国有企业从事人事工作。回想起当初高考填报志愿，她有一种庆幸的感觉。当初填报高考志愿时，本来她是想报新闻专业的，因为她想当一名记者。她觉得记者这一职业非常好，不仅很体面而且看起来很威风。当妈妈的同事得知她这一想法后，觉得肖晓不仅对记者这一职业的认识不全面，而且还带有偏差。因此，他建议肖晓对记者这一职业实地调查一番。在他的帮助下，肖晓联系到了武汉一家报社的一名记者，并对这名记者连续全程跟踪了一个星期。第一天，她很兴奋，觉得记者蛮好玩的，很自由，可以经常出差。第二

天，她带着几分沮丧，外带失望地回来了。因为今天她跟着这名记者出去采访时，不仅被他人粗暴地拒绝了，还挨了骂。第三天，通过与这名记者的交谈，肖晓得知记者这一职业的压力非常大，不仅经常要到外地去采访，而且要经常加班加点赶稿子。第四天，肖晓有点想打退堂鼓了。可是，在妈妈的一再坚持下，她不得不继续自己的实地调查之旅。经过7天的工作跟随后，肖晓对记者这一职业有了一个更加全面、客观的了解，认为自己并不适合当记者。最后，经过对其他备选的职业进行深入了解，她觉得从事人力资源管理工作挺适合自己。于是，肖晓报考了某重点大学的人力资源管理专业。肖晓最终如愿以偿地考上了大学，毕业后，就进入了现在这家企业从事人事工作。她觉得这份工作挺适合自己的，对工作内容和环境也挺满意。（肖晓用于了解工作世界的方法就是前面介绍过的"工作追随"）

小道理

职场信息对职业选择来说非常重要。任何人如不能及时了解和掌握自己所需要的信息，势必会被社会所淘汰。信息已经同物资、能源一样重要，成为人类生存和社会发展的基本资源之一。

生涯知识

一、高等教育发展与青年就业

改革开放后我国高等教育有了很大发展，特别是1999年高校大幅度扩招，极大地加快了我国高等教育大众化的发展进程。高等教育大众化的实现，使接受高等教育由"少数人的特权"变为"多数人的权利"，接受高等教育的青年人数量急剧增加。

当前的高等教育大众化环境下的青年人就业现状存在一些不和谐的现象：一方面，用人单位找不到自己需要的人才；另一方面，人才市场又滞留着成千上万的求职者，结构性失业和初次就业性失业交织在一起，出现了青年人

"就业难"现象。

二、知识经济与职业发展

我们现在所处的时代已经步入了知识经济时代。知识经济是以知识和信息的生产、分配和使用为基础，以人力资源及其创造力为依托，以高科技产业及智力为支柱的经济方式。知识经济对职业发展变化所带来的影响主要表现在以下几个方面：

（一）知识成为重要的生产要素

知识经济时代的到来，使得知识型员工真正成为企业、社会最宝贵的人力资本。科学技术在知识经济当中的作用，使得当一名工程技术人员、教师、医生、科研人员等在近几年已逐渐成为人们求职的热点。

（二）新职业层出不穷

在知识经济时代，职业变化是传统社会的若干倍。高新技术的迅猛发展，新材料、新工艺的出现，经济全球化带来资源配置全球化，都为创新职业提供了土壤，同时也淘汰了很多不能匹配新时代新科技的落后职业。2020年初以来的全球新冠肺炎疫情必将催生一些新职业，同时也会导致一些旧职业消亡。

（三）对从业人员的素质要求越来越高

随着世界范围内新技术革命的深入发展和信息产业的迅猛崛起，导致了职业在以下三个方面发生了深刻变革：（1）社会分工越来越精细，职业种类越来越多；（2）职业活动的内容不断更新变化；（3）现代科学技术运用到职业领域的周期越来越短。三个因素的综合作用，使得职业的专业性越来越强。

第三节
走近工作世界

工作就是人生的价值，人生的欢乐，也是幸福之所在。

——罗丹

生涯故事

大二学生周洪想大学毕业后在上海的名企从事人事助理的工作，经过对上海名企人事助理职位的调查，他了解到这类型职位的要求是：必须掌握人力资源管理的理论知识；具备助理人力资源师的证书；具备一定的人力资源管理的实践经验。

于是，周洪在他剩余的两年大学时间里，着手探索人事助理职位的要求，培养相关职业素质：考助理人力资源管理师的证书，掌握人力资源管理理论知识，通过进入一些名企实习来积累实践经验，通过参加社团活动培养自己的组织能力和沟通能力等。等到毕业的时候，他如愿地进入上海名企从事他所期望的人事助理的工作，实现了"人职匹配"。

小道理

周洪的例子告诉我们，一定要提前了解自己在未来想要从事的职业，并努力提高自己的工作技能，以期在未来能够实现"人职匹配"。

一、工作与职位分析

目前对于整个工作世界的描述与分类有以下两种方法：

（一）ACT 工作世界地图

工作世界地图（world—of—work map）是全世界范围内应用最广泛的职业分类系统，它是由美国大学考试中心（American College Test，ACT）于1985年发展出来的。ACT 将职业分为6个职业门类，12个职业群，26个职业簇，见图3-7。

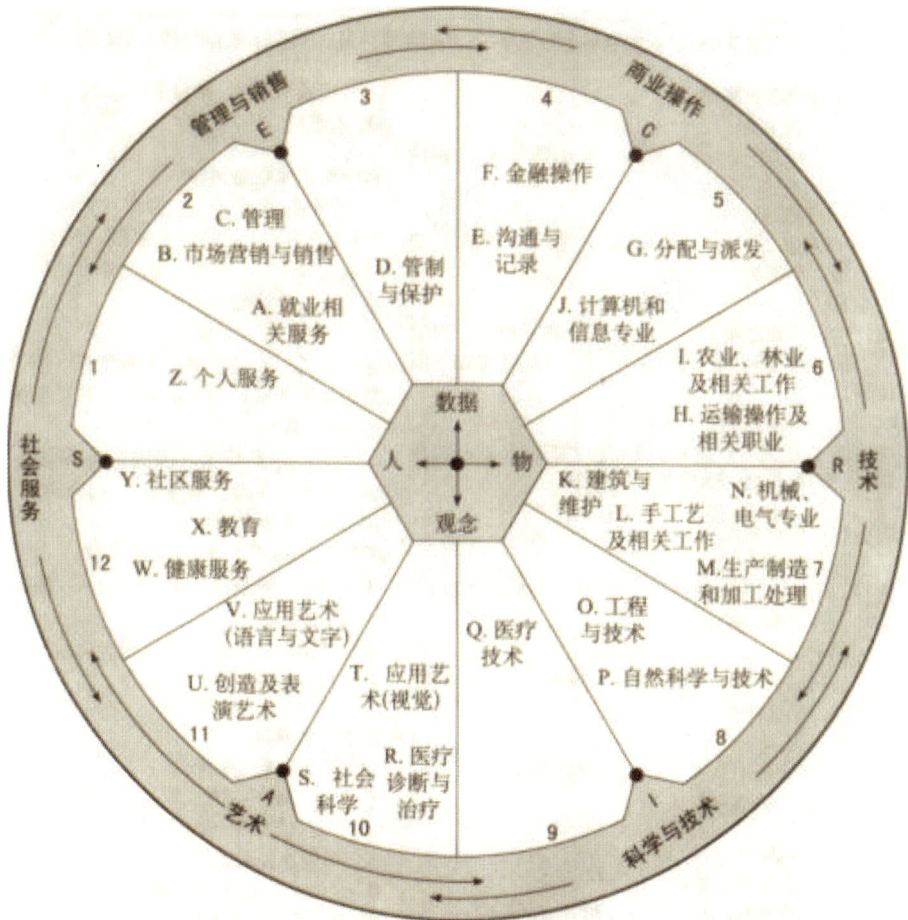

图3-7 ACT 工作世界地图

（二）工作世界十分法

依据工作的不同性质，可以将工作世界分成10个类别。如实务工作，自然界工作，社会服务工作，文教工作，计算及数字工作，科学工作，艺术及创作工作，一般服务工作，户外工作，说服、影响工作。需要说明的是，工作类别并不是将工作硬性分类，有些工作的性质可能涉及多个类别。

二、职业的变迁

随着社会经济发展、产业结构调整，职业内容会不断发生变化，社会职业结构也会不断得到调整。同世界上任何事物一样，职业有自身的生命周期，会经历孕育、出生、发展、消退直至消亡的过程，见图3-8。

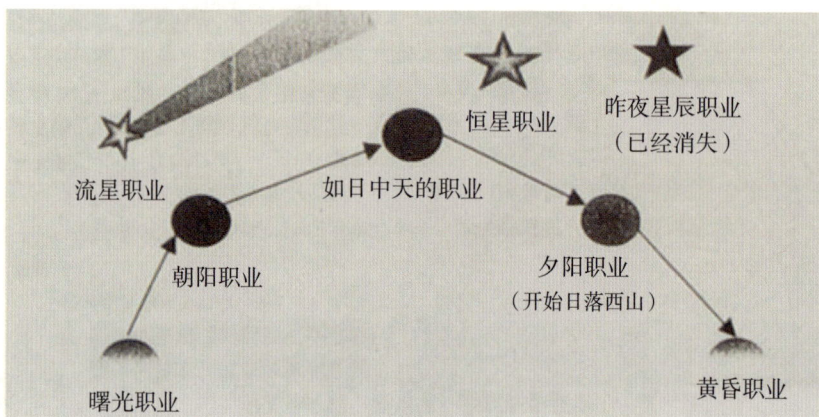

图3-8 职业变迁轨迹

三、工作世界对人才的要求

（一）工作世界对人才的整体要求

工作世界对人才的要求随着时代的变化而变化。近年来我国的科学技术突飞猛进，经济快速发展，思想观念更新加快，与国际接轨步伐加快，这些新情况使得工作世界对人才的需求也出现了几个特点：

第一，由操作型向智能型转换。随着高科技、高智能型的生产工艺流程广泛运用到各行各业，其劳动过程所需的人才也逐渐倾向智能型为主。

第二，由单一型向复合型转换。随着现代工业生产的大型化、智能化和系统化，对人才的要求不再局限于一人一岗，一人一技的工作形式。一人多岗、一人多技的专而全的复合型人才开始逐渐成为人才市场的"新宠"。

第三，从职业型向社会型转换。随着社会化大生产的深入发展，各种不同的生产之间开始出现相互交叉，跨行业、跨部门的新兴社会生产实体不断涌现。

第四，从就业型向创业型转变。在市场经济条件下，人们开始学会审视市场新领域、新机遇，积极创造新的事业。具有创业意识和潜能的人才在就业中是具有优势的。

第五，由阶段性学习向终身学习转变。过去的社会生产结构简单，产品升级换代周期长，生产工艺流程新陈代谢缓慢，所学知识技能不需要更新。现代科技日新月异，产品和生产工艺流程更新换代加速，新兴的生产工艺、新技术要求从业者必须不断学习，才能及时跟上。

（二）不同职业对人才素质的要求

不同的岗位，岗位职责不同，对任职者的要求也就不同。岗位的职责、对工作技能的要求，形成了各类岗位、职业的素质要求。去应聘一个职位，前提是考虑自身素养是否与此职位相匹配。即你对用人单位的招聘条件是否心知肚明，你的专业技能、业务特长或潜能与应聘职位是否吻合。

职业门类不同，对员工的素质要求也就有所不同：

如果你要应聘国家机关公务员，你就应该知道这一岗位对政治素质的要求特别高，一般要求应聘者对党和国家的方针政策具有一定的把握度，对时事政治和国家大事具有一定的关心度,还应具有敏锐的政治嗅觉和政治洞察力。

如果你要应聘技术部门的职员，你就应该懂得该职位特别注重专业水准，一般要求应聘者必须通晓本部门的业务知识，具有较好的文字处理能力、与外界沟通的能力和独立工作能力。

如果你要应聘涉外单位的工作人员，你就应该明白除了要具有较高的外语水平，还需具有与涉外工作的具体业务相应的政治、经济、科技、文化等广博的知识，更需具备热爱祖国、自尊自信、不卑不亢、严守机密的基本品行。

如果你要应聘科研单位的研究人员，你就应该具有以下素质：相应学科的扎实的专业基础、站在本学科最前沿探求未知领域的能力、熟练地运用外语工具的基本功、严谨的治学态度，以及甘于吃苦、勇于创新的精神。

如果你要到新闻出版界谋职，你就应考虑自己是否具有善于捕捉新闻信息的独特的新闻嗅觉和新闻敏感性，是否具有高度的政治热情、强烈的责任意识和正直的个人品格，是否具有与各种人打交道的能力和吃苦耐劳的精神，是否既是采访或编辑方面的"专才"，又是具有广博知识的"通才"。

如果你要应聘公关人员，广泛的社交能力、适时的策划能力、干练的办事能力和随机应变能力是基本的素质要求。端庄大度、诚信热情，口齿伶俐、能言善辩，能写会画、善于创新、勤于思考、善抓机遇也是必备的条件。

如果你要应聘财会人员，熟悉财会业务知识当然是先决条件，对财经政策及规章制度的掌握也是基本要求。除此以外，你还应具有坚持原则、大公无私、严守财经纪律的基本素质，以及一定的经济学、营销学、采购学方面的知识。在经营决策的关键时刻当好领导参谋的能力也很重要。

知己知彼，方能百战不殆。了解职业，包括了解职业的工作内容、知识要求、技能要求、经验要求、性格要求、工作环境、工作角色等，仔细地分析，比较自己和职业要求的差距。高中生、中职生、大学生应该根据自己的特点仔细地权衡选择不同目标的利弊得失，还要根据自己的现实条件确定最终达到目标的方案。

04
第四章

中学生生涯决策

第一节
职业决策理论

世界上只有两种生活方式：腐烂和燃烧。胆小如鼠、贪得无厌之徒选择前者；见义勇为、慷慨无私之士选择后者。

——高尔基

生涯故事

有三个人要被关进监狱三年，监狱长满足他们一人一个要求。美国人爱抽雪茄，要了三箱雪茄。法国人最浪漫，要一个美丽的女子相伴。而犹太人说，他要一部与外界沟通的电话。三年过后，第一个冲出来的是美国人，嘴里鼻孔里塞满了雪茄，大喊道："给我火，给我火！"原来，他忘了要火了。接着出来的是法国人，只见他手里抱着一个小孩子，美丽女子手里牵着另一个小孩子，肚子里还怀着第三个。最后出来的是犹太人，他紧紧握住监狱长的手说："这三年来我每天与外界联系，我的生意不但没有停止，反而增长了200%，为了表示感谢，我送你一辆劳施莱斯！"故事当然是虚构的！但这个故事告诉我们，什么样的选择决定什么样的生活。今天的生活是由三年前我们的选择决定的，而今天我们的选择将决定我们三年后的生活。我们要选择接触最新的信息，了解最新的趋势，从而更好地创造自己的将来。

今天的生活，是你昨天选择和努力的结果；今天的选择将决定你明天的生活品质。在生活中，我们随时都在面临选择和做出或大或小的决定，有些决定无关紧要，而有些决定却影响深远。但是在面临选择时，我们并非凭空做出决定，而要根据自身的实际情况和客观世界的需要做出最适合自己的生涯决策。

从小故事中可以看出，我们在生活中时刻面临需要做出选择的情况，选择并不是在懵懵懂懂中做出的，而是经过理性的思考之后选出当前情况下的最优方案。接下来，让我们一起走进选择的世界，学习关于生涯决策的方法和技巧吧！

生涯知识

职业决策（career decision-making）是决策者依据自身特性，并参照外在环境现状与发展趋势，通过合乎逻辑的分析，最终确定未来适合的教育或职业领域的过程。

一、职业决策风格

（一）八分法

丁克里奇（Dinklage）将人们在做决策时的风格分为八种：冲动型、宿命型、顺从型、拖延型、麻痹型、犹豫型、直觉型、计划型，见表4-1。

表4-1　职业决策风格

决策风格	说明	行为特征	好处	坏处
冲动型	决定的过程基于冲动，决定者选择第一个遇上的选择方案，立即反应	先做了再说，以后再想后果	不必花时间收集数据	风险大，等看到更好选择时，追悔莫及

续表4-1

决策风格	说明	行为特征	好处	坏处
宿命型	决定者知道做决定的需要，但自己不愿做决定，把决定的权利交给命运或别人，因此认为做什么选择都是一样	船到桥头自然直。天塌下来会有大个子顶着	不必自己负责任，减少冲突	容易成为环境的"受害者"
顺从型	自己想做决定，但无法坚持己见，常会屈服于权威者的指示和决定	如果你说OK，我就OK	维持表面的和谐	忽略了自身特性，造成选择很大程度上并不适合自己
拖延型	知道问题所在，但经常迟迟不做决定，或者到最后一刻才做决定	急什么？明天再说吧！	延长做决定的时间	问题并不会自动解决，有时会越拖越严重
麻痹型	害怕做决定，也不愿负责，选择麻痹自己来逃避做决定	我知道该怎么做，可是我办不到	可以暂时不做决定	害怕承担决定的结果，无法做决策
犹豫型	选择的项目太多，无法从中做出取舍，经常处于挣扎的状态，做不了决定	我绝不能轻易决定，万一选错了，那就惨了	搜集充分、完整的资料	迟迟难以做出决定
直觉型	根据感觉而非思考来做决定。只考虑自己想要的，不在乎外在的因素	嗯，感觉还不错，就这么决定了	比较简单省事	有时候可能不符合事实
计划型	做决定时会倾听自己内在的声音，也考虑外在环境的要求，以做出适当且明智的抉择	一切操之在我。我是命运的主宰，是自己的主人	主动积极面对问题，解决问题	

（二）三分法

根据著名职业生涯学者哈瑞恩（Harren）的研究，大部分人的职业决定方式可以被归纳为三类，见表4-2。

表4-2　哈瑞恩三分法

理性型	崇尚逻辑分析，系统收集足够的自我信息和环境信息，权衡各个选项的利弊得失,做出最佳的决定
直觉型	以自己在特定的情景中的感受或者情绪反应,直接做出决定
依赖型	等待或者依赖他人为自己收集信息做出决定，比较被动和顺从，做选择时十分注重他人的意见和期望

（三）五分法

美国职业生涯专家斯科特（Scott）和布鲁斯（Bruce）认为决策风格是在后天的学习经验中逐渐形成的，他们将决策风格划分为五种类型，见表4-3。

表4-3　决策风险五分法

理智型	理智型决策风格是比较受到推崇的决策方式，强调全面地收集信息、理智的思考和冷静的分析判断，是其他决策风格的个体需要培养的一种良好的思考习惯
直觉型	以依赖直觉和感觉为特征，比较关注内心的感受。直觉型的决策风格以自我判断为导向，在信息有限时能够快速做出决策。当发现错误时能迅速改变决策
依赖型	以寻求他人的指导和建议为特征。依赖型的决策者往往不能够承担自己做决策的责任，允许他人参与决策并共同分享决策结果
回避型	以试图回避做出决策为特征。回避型的决策风格是一种拖延、不果断的方式。面对决策问题会产生焦虑的决策者，往往因为害怕做出错误决策而采取这样的反应
自发型	以渴望立刻、尽快完成决策为特征。自发型的个体往往不能够容忍决策的不确定性以及由此带来的焦虑情绪，是一种具有强烈即时性并对快速做决策的过程有兴趣的决策风格

小测验

路边有一片桃园，假如你可以进入桃园摘桃子，但只许前进不许后退，只能摘一次，要摘一个最大的桃子，你会怎么办？

A. 对视野内的桃子进行比较，形成一个大概的标准，再根据这个标准选择最大的桃子。

B. 我感觉这个大，就摘这个了。

C. 去问看桃园的人，让他告诉我什么样的最大！或者问旁边的人什么样的最大。

D. 先别管了，走到最后再说吧。

E. 稍微比较，迅速摘一个。

二、职业决策模型及应用

（一）认知信息加工模型

1. 决策金字塔模型

认知信息加工理论用一个金字塔非常形象地说明了职业生涯决策所涉及的内容，其由三水平四部分组成。认知信息加工模型见图4-1。

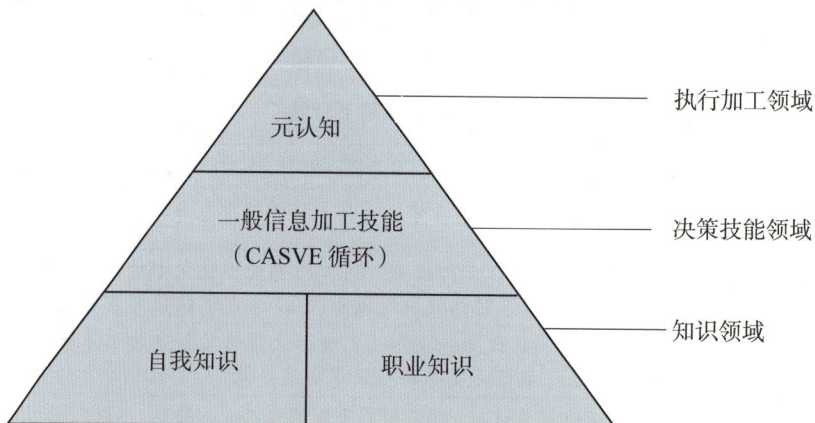

元认知 —— 执行加工领域

一般信息加工技能（CASVE循环）—— 决策技能领域

自我知识　职业知识 —— 知识领域

图4-1　认知信息加工模型

2. 决策技能CASVE循环

信息加工金字塔模型的第二水平是职业生涯决策的关键环节，该理论用CASVE循环（图4-2）表述个体应该如何做出决策。CASVE循环由五个要素组成：沟通、分析、综合、评估和执行。职业生涯决策就是这五个要素之间的循环往复的过程。值得注意的是，决策是一个反复的过程，因此CASVE也是一个不断循环的过程。

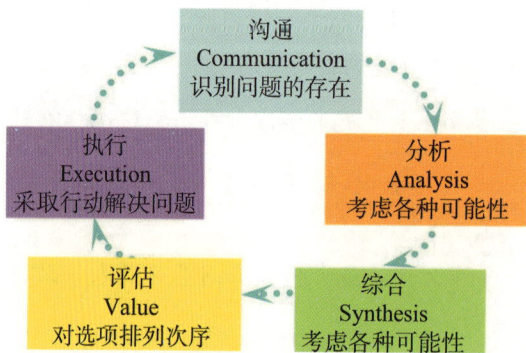

沟通
Communication
识别问题的存在

执行
Execution
采取行动解决问题

分析
Analysis
考虑各种可能性

评估
Value
对选项排列次序

综合
Synthesis
考虑各种可能性

图4-2　CASVE循环

（二）生涯决策平衡单

在决策过程中对各种可能

的选择进行评估排序时,需要详细地考虑到该决定所涉及的各个方面的要素。一个有效的方法是使用"决策平衡单"。表4-4为平衡单的加权计分卡。

表4-4　平衡单的加权计分卡

选择项目\\考虑因素	权重 −5—+5	选择一（　　） +	选择一（　　） −	选择二（　　） +	选择二（　　） −	选择三（　　） +	选择三（　　） −
A.个人物质方面的得失							
B.他人物质方面的得失							
C.个人精神方面的得失							
D.他人精神方面的得失							
总分							

（三）快速节俭启发式决策

快速节俭启发式决策是指决策者凭借和充分利用现有信息及信息间的联系,缩小问题搜索空间,使问题尽快得到解决。快速节俭启发式决策在判断与决策时以生态理性作为评判标准,即以具体情境下决策的结果与环境信息结构的适配性或对应性作为决策合理性的标准。

总之,人类在决策时经常在感性和理性之间摆动。理性决策和感性决策宛如硬币的两面,是分不开的。理性的极致蕴含着感性,感性的极致蕴含着理性。

第二节
职业生涯决策的内容

想得好是聪明，计划得好更聪明，做得好是最聪明又是最好。

——拿破仑

生涯故事

就像当年离开中央电视台令人震惊一样，杨澜在1999年9月辞去凤凰卫视的工作时，同样令香港观众感到诧异。正当人们猜测杨澜是否会成为某电视台的主持人时，她以8.4亿元的身价成为香港商界一颗耀眼的新星。

即便成功，杨澜却觉得自己在事业的发展过程中一点都不顺利。她说："顺利与成功不是一回事。幸运的是每做一件大事最后都证明我的选择是对的。比如去美国读书，然后再从凤凰卫视出来做阳光卫视，这些都是很大的跳跃。但在跳的时候都很不顺，现在回头看是成功的，并不证明我跳的时候没有痛苦。为什么要改变一个环境，是觉得自己的某些东西没有得到发挥，没有得到发挥肯定会很痛苦。因此，每一次要改变的环境肯定是与周围不和谐的东西已经达到极限，所以每一次选择的过程都很痛苦。"

小道理

人生旅途中，周围的环境不可能一直适合自己的发展，我们应当勇敢走出自己的舒适圈，在发展的道路上及时准确地做出选择，为自己的发展打下良好的基础。选择的过程虽然痛苦，但是痛苦过后却是一片美丽的风景。

一、职业决策的内容

人在发展的过程中总要面临决策，在决策的过程中应当考虑一些因素，提升某些方面的素质才能够更大限度地做出更好的决策。接下来我们一起了解一下职业生涯决策的主要内容。

第一，要有明确的职业目标。在职业决策过程之中，要先确定自己的目标，将目标确定下来之后才能够进一步采取行动。

第二，职业决策需要结合自己的气质、性格、特长、兴趣和能力。职业生涯决策从来都不是迷茫懵懂的，而是在了解自己的基础之上做出最优的决定。因此，在决策时要充分考虑自身的兴趣、爱好、能力和素质等方面的因素。

第三，生涯决策要根据自己的实际情况，并具有可执行性。决策应该是能够应用于学习实践中的，并非停留于纸上，要对自己未来的发展有准确的指导性。

第四，善于系统、长远地分析而不要只做利弊分析，在生涯发展中没有统一有效的程序，所以要琢磨的是在职业中如何发挥你的优势。

第五，对已经做了的决定特别是重要事项的决定，不要朝秦暮楚、游离不定，更重要的是行动。积极的行动才有助于解决问题。

二、中学生职业生涯决策

高中和大学时期是整个人生的重要阶段之一，是职业发展的准备期和探索期。高考报志愿，选择一所大学、选择某一专业进行学习，是为今后做职业准备，因而青少年时期可称为职业准备阶段，是职业准备期。这是个人职业生涯的起步阶段，是决定能否赢在起点的重要阶段。

对高中生涯进行设计有利于高中生早日确定前进方向，科学地选科选课，思考高考志愿填报问题。对大学生涯进行科学、合理的规划则有助于大学生毕业后顺利地走向社会，进入职场，谋求职业发展与事业成功。

那么在高中生涯中，我们需要做哪些决策呢？

（一）高考新政下的选科

新高考最大的亮点是把选择权交给了学生，即"3+3"选择模式，高考科目由两部分组成，第一部分是必考科目——语文、数学、外语，第二部分是考生根据自己的兴趣、能力和职业发展规划等从6门学业水平考试科目中自主选择的3门课。

在此模式下，一方面，文理不再分科，传统模式将被打破，新高考充分尊重了学生的个体性和差异性，提高了学生学习的自主性，使学生成了学习的主人；另一方面，选择大于努力，好的选择使人生增光添彩，高考新政策倒逼高中生提前进行职业生涯规划和学业规划。

在高考新政的驱使下，选科成为高中生不可回避、必须做出回答的问题。那么，高中生应该如何科学选科？一方面，从实际出发，我们需要思考两个问题，第一，回顾和思考一下自己从上学之初（特别是从初中一年级开始）到目前为止，有哪些优势学科，这些优势学科是否具有延续性，能否成为现在选科的一个重要参考因素；第二，我们需要了解自己所在高中的综合实力，看学校的教学优势能否转化为个人的学习优势。另一方面，从高中生心理发展的特点出发，基于兴趣、能力、性格等，构建高中生自主选科的基本心理学逻辑，在科学和理性的基础上做出选择。

在新的形势和政策下，如何进行高中的生涯决策呢？如何选择适合自己的科目呢？首先，我们先来看一下，在新高考中，我们有多少选科的组合排列方式吧，见表4-5。

表4-5　新高考科目排列方式（"3+1+2"）

序号	物理类组合	序号	历史类组合
1	物理、化学、生物学	7	历史、思想政治、地理
2	物理、化学、思想政治	8	历史、化学、思想政治
3	物理、化学、地理	9	历史、化学、地理
4	物理、生物学、思想政治	10	历史、生物学、思想政治
5	物理、生物学、地理	11	历史、生物学、地理
6	物理、思想政治、地理	12	历史、化学、生物学

　　面对12种科目选择和排列方式，我们应该怎样做出最适合自己的选择呢？首先，我们要根据自身的兴趣、志向、优势等因素，按照对各科的喜好程度进行选择；其次，可以结合报考院校相关专业选考科目要求进行选择；最后，我们可以根据所在高中学校的办学条件、特色、优势等进行选择。

　　下面，我们一起来做一个学科兴趣的探索小活动吧！表4-6中每道题都有A、B、C、D、E 5个选项，请根据自己的实际情况（参见表4-7），在"学科与题号对应表"中的题目后面写出相应字母，每题只能选择一个答案。

表4-6　学科兴趣探索

序号	题　目	选项
1	喜欢阅读有关物理学的报刊文摘	
2	关注日常生活中的化学现象与相关知识	
3	喜欢采集一些昆虫和植物标本	
4	特别喜欢上信息与技术课	
5	对国内外发生的大事很敏感	
6	喜欢看历史题材的影视剧	
7	如果有外出地理考察的活动机会，会积极争取	
8	爱思考一些物理现象背后的原理	
9	关注化学方面的前沿知识	
10	想参加生物兴趣小组	
11	经常上网搜集信息	

续表4-6

序号	题　目	选项
12	喜欢分析经济与政治的关系	
13	喜爱搜集某个主题的历史资料	
14	喜欢观看自然界构造、地貌变迁等方面的节目	
15	喜欢解答复杂的物理题	
16	解答化学难题，哪怕花很长时间也要把它做出来	
17	对生物学前沿知识很着迷	
18	喜欢利用数据库管理自己的信息	
19	喜欢上政治课	
20	喜欢了解历史事件和历史人物	
21	非常关注地球变化对人们生活的影响	
22	喜欢用物理知识解决生活中的实际问题	
23	听到与化学有关的问题，立刻来了兴趣	
24	积极关心和支持生态保护	
25	生活中常利用软件制作一些作品	
26	喜欢了解国家的法律、方针、政策等	
27	游览名胜古迹时，常对那里的历史事件感兴趣	
28	喜欢搜集各种资料来了解地球各大洲的地理概况	
29	爱做物理实验	
30	关注化学学科的发展过程和趋势	
31	喜欢上生物实验课	
32	喜欢利用计算机做一些编程工作	
33	关心社会时事新闻	
34	谈起历史事件会兴趣盎然	
35	喜欢了解自己所在城市或故乡的地理环境	
36	很喜欢上物理课	
37	上化学课特别高兴	
38	喜欢观看或阅读有关生命科学的节目或书籍	
39	关注技术的发展趋势	
40	喜欢和别人谈论时事政治	

序号	题　目	选项
41	喜欢阅读历史类书籍	
42	喜欢与人谈论各国的地理位置和自然环境	
43	如果有物理兴趣小组，一定积极报名参加	
44	喜欢阅读化学类书籍	
45	对生命起源和生物进化感兴趣	
46	喜欢阅读信息技术类文章	
47	喜欢阅读有关各国政治的评论文章	
48	关心世界各国的历史	
49	喜欢阅读地理地质方面的书籍或杂志	
50	关注自己感兴趣的物理领域及其最新研究成果	
51	希望选修化学课程	
52	喜欢观察动、植物的生长变化	
53	平时会关注一些产品的设计	
54	喜欢看报纸中的国内政治新闻或国际时事版面	
55	常用历史上发生过的事情与现实对照	
56	喜欢看地图，了解世界各国的地理位置	
57	有自己崇拜的物理学家	
58	特别崇拜化学家	
59	对生物充满好奇，很想进行生命奥秘探究	
60	平时喜欢画一些机械加工图或流程图	
61	喜欢用政治学知识分析社会现象	
62	能正确说出重大历史事件发生的时间、地点及主要人物	
63	在旅行中对地形地貌很感兴趣	
64	喜欢阅读物理学家的传记	
65	认为从事化学分析工作很有意思	
66	关注有关著名生物学家的生平及研究成果	
67	若有信息技术兴趣小组，一定会积极报名	
68	关注自己崇拜的政治家的成长历程及成就	
69	如果有历史兴趣小组，一定积极报名	
70	关注有关著名地理学家的生活及其研究新成果	

表4-7　选项对应分数

A 很符合自己的情况（5分）	B 比较符合自己的情况（4分）	C 很难说（3分）
D 较不符合自己的情况（2分）	E 很不符合自己的情况（1分）	

　　现在你应该已经做完这些题目了吧，那么我们来看看最终的结果吧！

　　根据对应的题号与学科的对应表（表4-8），统计你所写的每个字母的次数，然后算出各个科目的总分吧！（表4-9）

表4-8　学科与题号对应表

学科	物理	化学	生物	计算机技术	思想政治	历史	地理
题号	1 8 15 22 29 36 43 50 57 64	2 9 16 23 30 37 44 51 58 65	3 10 17 24 31 38 45 52 59 66	4 11 18 25 32 39 46 53 60 67	5 12 19 26 33 40 47 54 61 68	6 13 20 27 34 41 48 55 62 69	7 14 21 28 35 42 49 56 63 70

表4-9　评价表

总　分	评　价
39分以上	很感兴趣
32~38分	较感兴趣
21~31分	一般
14~20分	不大感兴趣
13分以下	很不感兴趣

同学们可以扫码进入3+3智能选科系统,获取适合自己的选科组合。

（二）国内升学、出国深造以及就业

在高中阶段，我们除了需要了解自己的学科兴趣之外，还需要进一步地思考自己未来适合什么样的发展方向。是选择继续在国内升学还是选择到国外读书深造，抑或是高中毕业后直接就业？

1. 国内升学

在国内升学目前是大部分高中生的选择，对高中生来说，需要考虑"学什么"和"学成什么"。

"学什么"指的就是在高中期间，要进行哪些学科的学习。在新高考情势下，高中阶段的选科学习是十分重要的，这关乎学生未来的发展方向，在选科时要注意将个人的兴趣、能力以及社会的需求等方面的因素相结合，为自己的学习打下坚实的基础。

"学成什么"指的是在高中阶段要锻炼哪些方面的能力。高中属于知识储备阶段，但不应将自己局限于课堂学习之中，要在高中阶段主动与职业生涯接轨，锻炼自己在未来发展中所需要的能力，以便自己将来在选择大学专业及未来职业时留下充足的选择余地。

除了这两点学习上的选择之外，还应思考是在本地读大学还是到外地读大学。在进行选择时要注意将自己的高考分数与现实的高校进行匹配，另外还要考虑是更倾向于心仪的专业还是心仪的学校，即所谓的专业优先还是院校优先。除此之外，还需要对自己的家庭经济条件以及是否能够适应外地大学的生活和学习环境等客观因素进行评估。最终做出最适合自己的选择。

2. 出国深造

对于选择出国深造的同学，首先，需要考虑自己的知识储备能否满足国外高校的要求。在高中期间的成绩以及雅思或托福等考试成绩，均要达到国外高校的要求。同时，需要思考自己感兴趣的大学学科，国外的教育体系与我国不同，需要自己对其进行仔细的了解之后再选择适合自己的学校和专业。其次，要考虑自己的家庭经济条件。国外高校的就读费用往往非常高，要立足于客观现实，评估自己的家庭经济状况是否能够负担得起自己在国外四年的学费及生活费用等。最后，还需要考虑自己能否很好地适应国外的生活环境。国外的生活、学习环境与国内有较大的不同，要充分思考自己能否快速适应变化的环境。面对陌生的生活环境以及语言障碍、不同的社会风俗等，能否将自己融入进去，成功适应环境是出国就读时应考虑的重要问题。

3. 就业

在高中毕业之后选择就业的同学，应当仔细、慎重地考虑。首先，要思考自己是否真的放弃升学选择就业，还是选择先就业之后再升学。高中毕业生的工作选择面并不十分广，可能不会充分符合自己的职业生涯规划。选择先就业之后再升学的同学，要注意在选择自己的工作时应当选择与未来升学方向一致的工作，以便积累更多的实践经验，为未来的学习做好铺垫。其次，选择就业的同学需要慎重思考以下问题：在高中阶段所获得的知识和能力能否满足工作的需要；在放弃升学后选择的工作是否符合自己的兴趣、能力和素质；现在所选择的工作能够给未来的自己积累哪些经验和财富；等等。

总之，无论是选择升学抑或是在高中之后就业，都需要进行深思熟虑的思考，以确定自己的选择对于目前的自己来说是最好的。决策不是一蹴而就的，也不是随即就能确定自己的人生。人都是不断在发展的，随着人生发展的阶段不同，自己的发展需求也不相同，职业生涯的决策也可以随之而不断调整，以适应自身发展的需要。

同学们可以扫码进入青春大学说微信公众号，获取升学留学信息。

网络资源

大学本科专业目录完整版，12个学科门类92个专业类

延展阅读

乔志宏. 新高考高中生选科指导手册 [M]. 北京：北京师范大学出版社，2018.

中学生涯规划报告撰写

第一节
生涯规划报告的撰写原则

千里之行，始于足下。

——《道德经》

生涯故事

蚯蚓是我从小到大的朋友。蚯蚓不是原名，他长得黑矮瘦弱，因而得名。18岁分开后，我在外为生活四处漂泊奔波；蚯蚓却上了大学，什么事都挺顺当。在这分开的10年里，我们几乎每隔两、三年见一次面。每一次我都喜欢问他同一个问题：你将来的目标是什么？得到的答案总是不相同。下面记录的是蚯蚓每次谈及目标的原话：

18岁，高中毕业典礼上：我发誓要当李嘉诚第二！我要当中国首富！（好大的口气）

20岁，春节老同学聚会上：我想创立自己的公司，30岁时拥有资产2000万元。

23岁，在某工厂当技术员，第二职业是炒股：我正在为离开这家工厂而奋斗，因为在这里工作太没前途了。我将全力炒股，三年内用5万元炒到300万元（似乎有点实现的可能）。

25岁，炒股失意而情场得意，开始准备结婚：我希望一年后能有10万元，

让我风风光光地结婚（挺现实的想法）。

26岁，不太风光的结婚典礼上：我想生一个胖小子，在不久的将来当个车间主任就行，别的不想了（是不是结婚就会使人成熟呢！？）。

28岁，所在的工厂效益下滑，偏偏正值妻子怀胎十月的时候：我希望这次下岗名单里千万不要有我的名字（这时候我还能说什么！）。

小道理

从上面的小故事我们可以看出，蚯蚓的职业发展轨迹并不是少数人的情况，我们身边有着许许多多的"蚯蚓"。他们有目标，但是缺乏切实可行的行动规划，重复着"雄心壮志—怀才不遇—满腹牢骚—撞钟混日—担心下岗—走投无路"的心路历程。每个人都想未来的职业得到良好的发展，但是仅仅有梦想是不够的，还必须制定切实可行的职业发展规划。一位专家曾说道："当你为自己设计职业规划时，你正在用有条理的头脑为自己要达到的目标规定一个时间计划表，即为自己的人生设置里程碑。"又有人说："一个没有计划的人生，就像一场没有球门的足球赛。"你给自己的人生绿茵场设计好精彩的球门了吗？

生涯知识

中学生处于青年期的重要分期，不同的年龄阶段有不同的生理和心理特征，因此在制定职业生涯规划时，应该根据中学生表现出的差异进行有针对性的指导。在制定职业生涯规划报告书时，应遵循的主要原则有以下三个：

一、目标导向原则

以目标为导向是青年学生进行生涯发展规划的首要原则，目标引领未来，目标促进行动。成功的人和不成功的人就差一点点：成功的人可以无数次修改方法，但决不轻易放弃目标；不成功的人总是变换目标，却从不改变方法。在职业生涯发展的道路上，只要不放弃目标，每一次挫折、每一次失败都是有价值的！

比塞尔是西撒哈拉沙漠中的一个小村庄。那里从来没有一个人走出过大漠，据说不是他们不愿离开那块贫瘠的地方，而是尝试过很多次都没有走出去。英国皇家学院的院士莱文对这种现象感到很奇怪。他来到那个村子向那里的每一个人问其原因，每个人的回答都一样：从这里无论向哪个方向走，最后结果总是转回出发的地方。

为了证实这种说法，他尝试着从比塞尔村向北走，结果三天半就走了出来。莱文非常纳闷，比塞尔人为什么走不出来呢？为了进一步找到原因，莱文雇了一个比塞尔人，让他带路，而莱文自己收起指南针等现代设备，只拄一根木棍跟在后面。10天过去了，他们走了大约800英里的路程，第11天的早晨，他们果然又回到了比塞尔。这一次莱文终于明白了，比塞尔人之所以走不出大漠，是因为他们根本就不认识北斗星。

在一望无际的沙漠里，一个人如果跟着感觉往前走，他会走出许许多多、大小不一的圆圈，最后的足迹十有八九是一把卷尺的形状。比塞尔村处在浩瀚的沙漠中间，方圆上千公里没有一点参照物，若不认识北斗星又没有指南针，想走出沙漠，确实是不可能的。

这个与莱文一起配合的青年就是阿古特尔。阿古特尔因此成为比塞尔的开拓者，他的铜像竖在小城的中央。铜像的底座上刻着一行字：新生活是从选定方向开始的。

二、可操作性原则

可操作性原则即职业生涯规划具有实现的可能性。那么，如何判断自己的职业生涯规划是否具有可操作性呢？可以通过以下方面做出判断：

是否符合自己的实际情况？职业生涯规划的目标是否符合自己的价值追求、性格、能力和兴趣？不根据自身的特点制定的职业生涯规划，会使自己陷入痛苦之中，个人也永远发挥不出潜能。

是否满足社会的需求？包括职业需求、行业需求、组织需求、家庭需求乃至时代需要。如果你的职业生涯规划忽视了社会需求，那么你的职业生涯规划将变成空洞的自我设计。

是否可以立即采取行动？可操作性就是要把目标量化成小目标，量化成可以马上采取的小行动。比如，很多人挂在嘴边的"我要减肥"，这就不具备可操作性。想减肥的人，如果能在制订计划时，不再停留于口号，而是关注可以立即采取的行动，如"早餐只吃一枚煮鸡蛋，只喝一杯牛奶。""晚餐不吃肉。""晚餐后散步一小时。"等等。这些就是"可操作性"在减肥这件事上的具体体现了。

三、时间坐标原则

时间坐标原则，是指职业生涯规划的目标和行动必须划分到不同的时间段内去完成。每个规划目标都要有两个时间坐标，一个时间坐标是开始的时间，即什么时候开始为实现这个目标行动，另一个时间坐标是预期实现时间。如果没有明确的时间限定，就很容易使职业生涯规划陷于无限期的空谈中。

第二节
生涯规划报告的撰写方法

不打无准备之仗，方能立于不败之地。

——古代谚语

生涯故事

像雷锋那样追求职业理想[1]

雷锋很早就确定了自己的人生目标，清楚自己要成为一个"怎样"的人，"要怎样做"才能实现自己所确定的目标。

1. 用目标引导航向、激励人生

雷锋是个很有"想法"的人。小学毕业那天，面对全校师生，他走上讲台热情宣布，他人生的三大目标是：当个好农民、当个好工人、当个好士兵。在此后6年的时间里，雷锋始终围绕着自己的目标，不懈追求，而这些理想也逐一化作现实。为了实现当个新式农民的愿望，他小学毕业便响应政府的号召回到了农村；偶然的机会他成了县委书记的通信员，又成为一名模范公务员；当鞍钢到湖南招收青年工人时，他放弃舒适的工作条件和待遇，成为一名学徒工人；当他成为一名技术熟练、深受领导和同事喜

---

① 引自《中国教育报》，2008年3月5日（作者：祁金利，吴红梅）。（内容有所删减）

爱的推土机司机时，却再次转行，克服极为不利的因素，想尽办法实现了参军的梦想。

2. 用真情、执着、技巧赢得宝贵的机会

某一天，在乡政府当通信员的雷锋遇到了县委组织部的女干事黄菊芳，两个人聊天时，他拿出自己写的名为《苦难的家史》和《我的理想》的小册子。《苦难的家史》详细记述了旧社会如何夺去了他家5条人命，以及他成为孤儿以后的悲惨生活；而《我的理想》中，他则用饱含感激和喜悦的笔墨，写了自己在解放后的幸福生活，写毛主席、共产党的关怀，领导和乡亲们的照顾，写自己向黄继光、董存瑞等英雄人物学习，到最艰苦的地方去锻炼，以实际行动报答毛主席和共产党的恩情。雷锋的谈话和小册子深深地打动了黄菊芳。第二天，当雷锋得知黄干事此次是来帮助县委领导物色通讯员时，马上主动去找黄干事，毛遂自荐。就这样，雷锋实现了人生的一个重大转折。

1959年12月初，新一年的征兵工作已经开始。此时雷锋虽然在鞍钢才工作了一年零一个月，但是已经是一个名气很大的"老模范"了。他在决心书中表达了参军的迫切愿望，但是领导不同意，后来好不容易争取到了体检的机会，结果却是体重、身高、跑步样样不合格。在这种"天时、地利、人和"都不具备的情况下，雷锋硬是拿出十头牛都拉不回的劲头，跑了几十里路，来到辽阳市人民武装部向余政委讲起自己的苦难家史和工作经历，表明他参军的志愿和决心。精诚所至，金石为开，雷锋最终如愿以偿。

3. 用科学的择业观指导岗位选择

雷锋不停转换岗位的过

程，也是不断选择、决策的过程。为什么雷锋每次择业都获得了成功？这取决于雷锋的择业观。雷锋在农场开拖拉机的时候，每月可以拿到32元钱；刚到鞍钢做学徒时，每月可以拿到22元钱；参军后，每月可以拿到6元战士津贴。从收入看，雷锋的每次"跳槽"都是在贬值。而在雷锋看来，这并没有什么不值得。在鞍钢，当老工人师傅问他为什么要来鞍钢时，他说为了"1070"！"1070"就是当年党中央定下的钢铁指标。说到为什么要参军，他说，保家卫国人人有责，能成为一名国防军战士，就是最大的幸福。可见，雷锋每次转换工作都不以"钱"来衡量，他看重的是自己的追求、目标、成长，是对国家和社会的贡献。

小道理

在人生的旅途中，职业是我们的必经之路，选择正确的、适合自己的职业是十分重要的。为了更好地实现自己的人生价值，我们必须从现在开始就制定生涯规划，确立未来发展方向。

生涯知识

一、制定生涯规划的目标

高中生在制定生涯规划时，要注意以下两个目标的实现。一是对与个人相适应的学业、职业领域，做出明确的选择决策，进一步了解自己的特点，反复推敲自己有意向的学科、专业及职业的信息，培养自主选择前进道路的决策能力；二是从高中阶段开始注重培养自己作为一个社会成员的正确生活态度，确立正确的职业观。

高中生在制定高中三年的生涯规划时要根据不同的阶段，有针对性地制定适合自己的规划。在高一阶段时，要进一步洞察自己，根据自己的能力与学科优劣势、人格特点、兴趣及价值观，做好选科，初步排除未来不会从事的职业。在高二阶段时，在自我了解的基础上，推敲有关高校学科、专业以及与之对应的行业和职业方面的信息，继续反省自己的学习目标和职业志向，确立现实的努力态度。在高三阶段，深刻反省自己的个性与有意向的职业的匹配性，并做出符合个人意愿的生涯决策，包括高考志愿填报、出国留学、直接就业，等等。

二、制定生涯规划的方法

（一）SWOT 分析

SWOT 是检查个人技能、能力、喜好和机会的有用工具。其中 S 代表 Strength（优势），W 代表 Weakness（弱势），O 代表 Opportunity（机会），T 代表 Threat（威胁）。其中，S、W 是内部因素，O、T 是外部因素。通过它，当事人很容易知道自己的优点和弱点在哪里，从而仔细评估自己所感兴趣的不同发展道路的机会和威胁，并且将这几种因素相互匹配起来进行全面、系统、准确的研究，最后制订出发展战略和计划，以及与之相应的发展计划和对策。

一般来说，对自身的发展问题进行 SWOT 分析时，应遵循以下五个步骤：

第一步，评估自己的长处和短处。

第二步，找出自己的发展机会和威胁。

第三步，提纲式地列出今后3~5年内的发展目标。

第四步，提纲式地列出一份今后3~5年的行动计划。

第五步，寻求专业帮助。

（二）生涯愿景画布

所谓愿景，不是一个空泛、虚幻的概念，而是实实在在的一个"成功画面"。具体说来，你的个人"愿景"（Vision）是指你想要达到什么样的成就，你想要过什么样的生活，你的"终极成功画面"是怎样的。当你有一个想要去实现的愿景，如果它的最终成功画面能够活生生地出现在你的脑海中，而这个成功画面是你一心想获得的生活、成就，或是地位、财富……这个逼真的成功画面会带给你无比的激情和动力，带领你全身心都极度专注在"如何去达成"的行动上。

三、制定职业生涯规划的流程（图5-1）

（一）自我评估

自我评估的目的是对自身有一个客观、全面的认识与了解，摆正自己的位子。我们首先要准确地评估自己，包括自己的兴趣、特长、性格、学识、技能、智商、情商、思维方式、思维方法、道德水准以及社会中的自我等。

图 5-1　制定职业生涯规划的流程

（二）环境评估

职业生涯环境的评估，主要是评估各种环境因素对自己职业生涯发展的影响。在制定个人的职业生涯规划时，要分析环境条件的特点、环境的发展变化情况、自己与环境的关系、自己在这个环境中的地位、环境对自己提出的要求以及环境对自己有利与不利的影响等。

（三）设定职业发展目标

职业发展目标的设定，是职业生涯规划的核心。一个人事业的成败，很大程度上取决于有无正确、适当的目标。职业发展目标是以自己的最佳才能、最优性格、最大兴趣、最有利的环境等信息为依据而设定的。

（四）分解目标

总体目标确定之后，接下来我们就需要将它分解成一个个阶段性目标，以利于总体目标的达成。剥洋葱法是一个分解目标的好方法，即像剥洋葱一样，将大目标分解成若干个小目标，再将每一个小目标分解成若干个更小的目标，一直分解下去，直到知道现在该去干点什么。

（五）寻找差距

职业生涯每次质的飞跃，都是以学习新知识、获取新技能为前提的。为

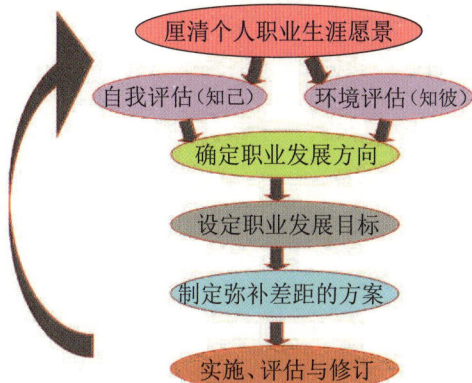

了顺利达成目标，个人首先需要对达成目标所要求的条件进行分析，然后对照自己找出差距，并找到弥补差距的具体办法。

（六）制订成长计划

差距找出来了，弥补差距的具体办法也找到了。接下来就要立足当下，分短、中、长期为自己制定一份提高自身综合素质的具体行动方案，即制订成长计划。

（七）实施、评估与修正

制定职业生涯规划之后，一定要去实施，并且要在实施过程中做好职业生涯的管理。要使职业生涯规划行之有效，就必须不断地对职业生涯规划进行评估与修订，修订的内容包括：目标的修正、职业生涯路线的重新选择、实施措施与计划的变更等。

无论是高中生涯规划还是大学生涯规划，其流程与职业生涯规划流程一样。高中生涯规划和大学生涯规划的差异在于外部环境评估对学生有不同的要求。

06
第六章

中学生应当具备的素养

第一节
素养概述

　　一个国家的繁荣，不取决于它的国库之殷实，不取决于它的城堡之坚固，也不取决于它的公共设施之华丽；而在于它的公民的文明素养，即在于人们所受的教育、人们的远见卓识和品格的高下。这才是真正的利害所在、真正的力量所在。

——马丁·路德·金

生涯故事

张良拾履

　　传说张良闲暇时在桥上散步，有一位老年人，身穿粗布短衣，走到张良待的地方，把鞋子扔到桥下，对张良说："小子，下去拾鞋。"张良猛然一惊，真想揍他，一见如此大的年纪，就帮他拾了鞋。老人要张良替他穿上，张良既已为他拾鞋了，也就跪下来为他穿鞋。穿好后，老人笑着走了。走了一里远，老人又返回对张良说："你这个孩子很可以培养，过五天，天一亮你来等我。"

过了五天，张良来时，老人已先到，批评他说："和老人约会，怎么能迟到？过五天，你再来等我。"第二次，张良又迟到了。第三次，他半夜就去了。老人很高兴，送给张良一本书，并且告诉他说："读了这本书，就可做帝王的老师了。后十年你会发迹。十三年后，你会在济北遇到我，谷城山下有块黄石就是我。"

天亮后，张良一看，原来是一本兵书，叫《太公兵法》。张良得到这本书后认真阅读，终于学到了运筹帷幄、决胜千里的本领。据传说，十三年后，张良跟随汉高祖刘邦路过济北，果真在谷城山下看见一块黄石。张良取回它，并把它当作珍宝供奉。张良死后，就和这块黄石合葬在一起。

小道理

这则故事告诉我们：一要尊敬老人；二要信守诺言；三要谦虚求教。这些都是品性高洁的人所具备的优秀品质。那么，除此之外，作为中学生，还应该具备哪些素养呢？

生涯知识

一、核心素养的具体指标

"中国学生发展核心素养"的6大素养18个要点具体的主要内涵和重点如下：

1. 文化基础——人文底蕴

（1）人文积淀；（2）人文情怀；（3）审美情趣。

2. 文化基础——科学精神

（1）理性思维；（2）批判质疑；（3）勇于探究。

3. 自主发展——学会学习

（1）乐学善学；（2）勤于反思；（3）信息意识。

4. 自主发展——健康生活

（1）珍爱生命；（2）健全人格；（3）自我管理。

5. 社会参与——责任担当

（1）社会责任；（2）国家认同；（3）国际理解。

6. 社会参与——实践创新

（1）劳动意识；（2）问题解决；（3）技术运用。

二、高中生的核心素养

（一）什么是核心素养？

学生的核心素养，主要是指学生应具备的能够适应终身发展和社会发展需要的必备品格和关键能力。核心素养是关于学生知识、技能、情感、态度、价值观等多方面要求的综合表现，其发展是一个持续终身的过程，可教可学，最初在家庭和学校中培养，随后在一生中不断完善。

（二）核心素养的几个方面（图6-1）

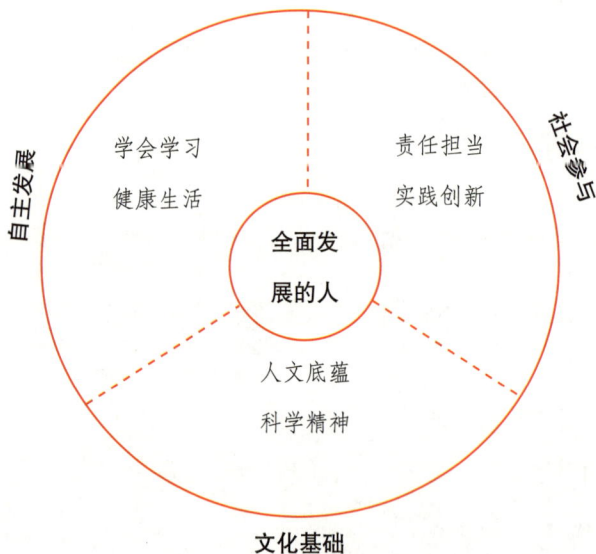

图6-1　核心素养的几个方面

中国学生发展核心素养，以科学性、时代性和民族性为基本原则，以培养"全面发展的人"为核心，分为文化基础、自主发展、社会参与三个方面。综合表现为人文底蕴、科学精神、学会学习、健康生活、责任担当、实践创新六大素养，具体细化为十八个基本要点。根据这一总体框架，可针对学生年龄特点对各学段学生进一步提出具体要求。

1. 文化基础

文化是人存在的根和魂。文化基础重在强调能习得人文、科学等各领域的知识和技能，掌握和运用人类优秀智慧成果，丰富内在精神，追求真善美的统一，发展成为有宽厚文化基础、有更高精神追求的人。

（1）人文底蕴。主要是学生在学习、理解、运用人文领域知识和技能等方面所形成的基本能力、情感态度和价值取向。具体包括人文积淀、人文情怀和审美情趣等基本要点。

（2）科学精神。主要是学生在学习、理解、运用科学知识和技能等方面所形成的价值标准、思维方式和行为表现。具体包括理性思维、批判质疑、勇于探究等基本要点。

2. 自主发展

自主性是人作为主体的根本属性。自主发展，重在强调能有效管理自己的学习和生活，认识和发现自我价值，发掘自身潜力，有效应对复杂多变的环境，成就出彩人生，发展成为有明确人生方向、有生活品质的人。

（3）学会学习。主要是学生在学习意识形成、学习方式方法选择、学习进程评估调控等方面的综合表现。具体包括乐学善学、勤于反思、信息意识等基本要点。

（4）健康生活。主要是学生在认识自我、发展身心、规划人生等方面的综合表现。具体包括珍爱生命、健全人格、自我管理等基本要点。

3. 社会参与

社会性是人的本质属性。社会参与重在强调能处理好自我与社会的关系，遵守现代公民所必须遵守的道德准则和行为规范，增强社会责任感和创新意识，提高实践能力，促进个人价值实现，推动社会发展进步，发展成为有理想信念、敢于担当的人。

（5）责任担当。主要是学生在处理与社会、国家、国际等关系方面所形成的情感态度、价值取向和行为方式。具体包括社会责任、国家认同、国际理解等基本要点。

（6）实践创新。主要是学生在日常活动、问题解决、应对挑战等方面所形成的实践能力、创新意识和行为表现。具体包括劳动意识、问题解决、技术应用等基本要点。

（四）如何培养高中生的核心素养？

核心素养体系经被整合进高中各门课程标准中，成为高中阶段的课程内容和考核要求。核心素养是对"21世纪应该培养学生什么样的品格与能力"问题的明确回答，也为高中生的自我教育和学业规划指明了方向和路径。因此高中生必须对这一体系有足够的了解，进而指导、规划自己的学习进程。同时，在强调以综合素质评价为基础、实施多元录取的新高考制度下，思考社会对学生发展的整体要求，关注学生不同素养的协调发展，将综合素质落实到具体又系统的核心素养中，是既能促进学生全面发展，又能帮助学生顺利升学的一个途径。

1. 高度重视，确立自己核心素养的培养方向。核心素养具有的可教、可学、可测特点，为各个学科课程目标和学科核心素养的确定提供了方向。不同学科具有不同的特点和学科属性，所关联的核心素养也有所差异。核心素养与各学科间的关联是实现核心素养塑造的前提，近几年来核心素养在各学科的表现已经被具体化、具有可操作性地确定下来了。作为学习者，要对这些要求的宏观、微观层面都能理解、识记，在此基础上设计、规划自己的学习方案。

2. 理解课程，科学看待各学科中的相互关联。核心素养的体现具有跨学科性，比如沟通与合作素养在任何一个学科里都可以得到体现。因此，在现行高考制度下，我们要根据不同学科的特点，尤其是根据各学科所关联的核心素养来选择，要确保所选课程在育人目标上是彼此衔接、上下贯通的。要精心选择所要掌握的核心内容，加强必修课与选修课的融合，使两者互为补充、互相促进，克服学科知识本位的行为，真正为终身发展打好基础。

3. 增强主动性，改"被动单一"为"主动多样"。核心素质是知识内化后的稳定、深沉的表现，其转化条件之一就是主动学习的意识。高中生应当转变学习方式，变"被动、单一、无视学科差异"为"主动、多样、尊重学科性质"的方式。换言之，不能只有做题刷题、记忆背诵等等传统的应试学习，还必须在阅读、实验、探究、问题解决中学习，要拓宽学习的渠道，在经历、体验中学习，同时积极参加学校组织的小组合作、组际竞争、研究性学习及各种主题活动，在自学、尝试、探究、发现、解决和创造中进行深度学习。

4. 加强反思，提升自己"高效学习"的能力。反思性学习是学习者对自身学习活动的过程以及活动过程中所涉及的有关的事物、材料、信息、思维、结果等学习特征的反向思考的学习活动，它不是对学习一般性的回顾或重复，而是深究学习活动中所涉及的知识、方法、思路、策略，帮助学生学会"学习"。反思性学习在一定程度上需要"揭短"，是诱发痛苦的行为，需要毅力。反思性学习也是一种依赖群体支持的个体活动，学生在反思过程中，如果有他人指点或与他人进行合作，会加深理解，反思的效果会更好。

5. 加强实践，将隐性知识内化为自己的个体经验。核心素养大多是将社会隐性知识内化为个体经验后形成的，因此高中生学习应强调理论与实践的结合。通过实践性学习，学习者从理论知识出发构建符合自身情况的知识体系，这种知识体系的构建有助于学习者更加灵活、牢固地掌握并运用各项知识帮助自己在不同环境下解决各类现实问题。

中学生生涯与职业成熟度探究

　　1998年，重庆男孩刘立早第一次参加高考，由于他入学成绩未达到他所填报专业的要求，他被调剂到浙江大学化工系。在本科的几年中，虽然不喜欢该专业，但刘立早一直努力使自己适应专业的学习，成绩也一直很好。2002年，刘立早获得学士学位，并被保送到清华大学化学反应工程专业，直接攻读博士研究生。随着研究生学习的不断深入，他逐渐认识到化工并不适合自己。经过深思熟虑，他决定放弃。2003年3月，在清华大学化工系硕博连读的刘立早毅然退学，并于当年参加了高考，最终以644分的成绩考取了清华大学建筑系。

　　刘立早说："我的选择在别人眼中可能会很特别，但是对我来说这是一个比较合理的选择。这决定了自己以后究竟是在一个自己不感兴趣的专业里痛苦地挣扎，还是在一个喜欢的专业里很快乐地做事。我花5年的时间找到自己比较感兴趣的专业，我想我还是比较幸运的。"刘立早坦言这样折腾，就是为了找到最适合自己的专业和职业。他的爷爷是新中国成立前重庆大学的第一批学建筑的大学生，1997年爷爷快80岁时，还为他的学生解决一个建筑难题，为那个设计省了200万元。同时，刘立早觉得自己有做建筑的天分。

　　刘立早用了5年时间以自己的勇气和智慧找到适合自己的专业，找到自己的职业方向，从职业生涯规划的角度看刘立早此前付出的5年大学生活很大一部分已经是"沉没成本"，这个成本不可谓不大。他接受记者采访时谈到，如果高中生知道职业世界和大学专业之间的关系，会对人生道路有更多的帮助。

三、高中生的生涯成熟度

（一）生涯成熟度

世界著名生涯教育学者舒伯指出，生涯成熟度是一个人在不同的生涯发展阶段对生涯发展任务的准备程度。15～24岁属于职业生涯的探索期，在这个时期个体应该完成的生涯发展任务是：在学校、休闲活动及打工的经验中，进行自我试探、角色探索与职业探索。对一部分同学来说，高中阶段是进入职场前的最后一段学校学习时光；而对大多数同学来说，这也是普通教育的最后一个阶段，之后就要进入职业教育或者专业教育阶段了。因此了解工作世界、探索自我以及培养良好的职业意识是每个高中生的学习任务。《国家中长期教育改革和发展规划纲要（2010—2020年）》中强调要重视高中生职业教育内容，采用多种方式为其提供职业教育，目的就在于提升高中生的生涯成熟度。

（二）职业成熟度

1. 什么是职业成熟度？

高中生职业成熟度是指其在一定的职业决策知识和态度的基础上做出合适的职业决策的准备程度（图6-2）。一般来说，高中生职业成熟度主要包括职业决策知识和职业决策态度两个部分。其中职业决策知识包括两个方面：①职业自我知识，指个体对自己的职业能力、气质、性格、兴趣、价值观等的了解程度；②职业世界知识，指个体对职业的意义、职业的发展前景、从业要求、实现途径、工作职责、社会地位等的了解程度。职业决策态度包括五个方面：主动性，即个体积极参与职业决策过程的程度；独立性，即不盲目依赖他人而独立做出职业决策的程度；稳定性，即不同时期个体将来想从事职业领域的一致性程度；功利性，是指个体根据自身特点还是根据待遇收入等功利性因素来选择职业的程度；自信心，即对自己职业决策知识与能力的自信程度。

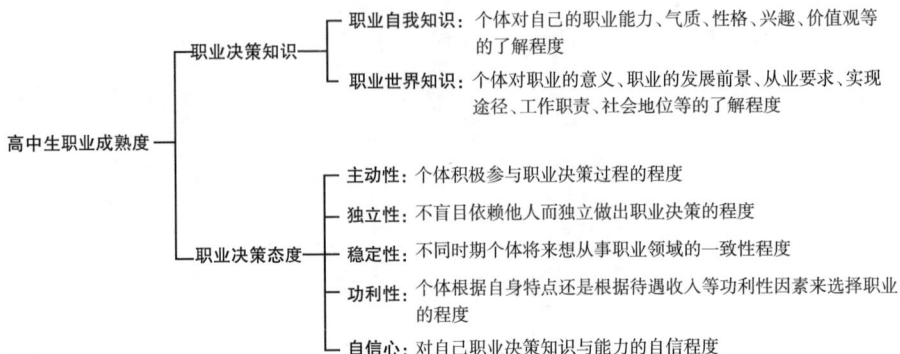

图6-2 高中生职业成熟度

2. 高中生职业成熟度中的维度差异

　　高中生职业成熟度在各个因子上的得分有明显差异，提示中国高中生的职业成熟度的发展在其内部各个维度之间是不平衡的。

　　在职业知识方面，高中生对职业世界知识的掌握远远超过对职业自我知识的掌握，也就是说高中生在认识自我的兴趣、能力等特质方面还有很大的不足。发展心理学表明，初中、高中阶段是个体一生中生理和心理变化最为剧烈的时期，青少年自身尚且面临着"寻找自我"的阶段性任务（即埃里克森人格发展理论中的寻找"自我同一性"）。所以高中学生对自我特点的认识滞后于对职业世界知识的掌握。另一方面，对职业世界知识的获得在教育实践中比较容易实现，而对自我知识的获得则需要高中生自己主动思考。因此，两个因素发展的不同步也反映了教育实践中实施难易程度的差异。

　　在职业态度方面，高中生在主动性和功利性两个维度上的得分偏高，而在自信心和稳定性两个维度上的得分偏低。这说明高中生已经开始意识到职业生涯规划的重要性，并且也开始理解一些基本的观念，如选择工作要根据自身的能力、兴趣等。但由于高中生对自我的认识仍然有很大的不足，导致他们在做职业选择时仍然感到困难重重，直接反映为自信心和稳定性得分偏低。近年来对浙江地区的取样调查结果显示，中国高中生职业成熟度的问题主要在于职业态度的主动性和职业世界知识两个因子。

心理学研究发现，普通高中生职业成熟度的总体发展水平上不存在显著的性别差异，但职业成熟度各分维度上有显著的性别差异。高中生在职业态度的稳定性、功利性和对职业自我知识的掌握三个因子上，女生得分显著高于男生得分。在职业成熟度的其他因子上，女生的得分也有高于男生的趋势。但职业世界知识、自信心、主动性和独立性等方面男生显著高于女生；在职业决策知识上，男生表现出对职业世界知识更多的了解，而在职业决策态度的多个因子上，男生都表现出更为积极的一面。

在年级差异方面，高中生职业成熟度各个因子的得分整体上在高三时达到最高，而在高二时最低，呈现 U 形发展曲线。具体而言，职业的自我知识和职业态度的稳定性和功利性两个维度的得分具有显著的年级效应。说明高中生对职业自我的认识整体上还是逐年提高的，同时对职业的选择也逐渐变得更加稳定和务实。

研究还发现，学校类型（重点高中、普通高中和职业高中）、城乡差异、家庭因素等也会对高中生职业成熟度具有一定影响。

3. 如何提升高中生职业成熟度？

多项研究均证明，我国高中生职业成熟度的整体水平不高，具有很大的提升空间。我们建议高中生从如下几个方面着手提升自己的职业成熟度。

（1）积极、主动地进行自我探索。需要注意的是，自我探索一方面需要反思、总结，高中生需要思考和探索自己的需求、兴趣、能力、价值观以及周围的现实环境，形成自我概念和职业概念，为下一个阶段的生涯发展做好准备；另外一方面高中生也需要在与社会、他人的互动中了解自我。具体来说，高中生可以通过学校的选修课、社团活动、研究性学习、学校活动等继续发现自己的兴趣和能力特长，通过阅读图书、观看电影、浏览新闻、社会实践等了解现实环境，了解"过来人"的生活经历也颇具启发意义。

（2）强化独立意识。尽管高中生在心理上已经完成了与亲代的"断乳"，独立性初步显现。现下的高中生独立意识普遍不强，表现在生涯成熟度上，就是在决策态度上的被动、职业选择的迷茫以及成就动机不足等。高中生在职业选择过程中所反映出的生涯规划不成熟的现象很多。比如：有的没有对将来进行明确规划，盲目跟从别人行事；有的对前途表现出迷茫的状态，顺应父母的安排；有的心态急躁，急功近利，做事不能够脚踏实地。对此，高中生要敢于在生活中找到、表达并坚持自己的观点、立场，不随便盲从，听信他人；要尝试着独自完成一些任务，在成功中体现自己的价值。

（3）积极参与学校的生涯教育活动，通过专业的途径提升生涯成熟度。团体辅导对提升高中生职业成熟度的信息应用、职业认知、自我认知、个人调适、职业态度、价值观念、职业选择、条件评估八个维度有显著的即时效果，对提高职业成熟度具有长期效果。同时，一个系统的生涯教育课程对提高生涯成熟度也有长期效果，能够唤醒生涯意识，教会生涯规划技巧，促进学生自主成长。但所有这些活动发生作用的前提是学生主动参与，将外部条件变成成长所必需的刺激和信息输入，才能带来认知、情感的反应、改变，最终带来生涯的成熟。

（4）在条件合适时，积极进行社会实践活动，尤其是积累一定的打工经验，增加自己的职业体验。学校是一个象牙塔，相对单纯的环境无法给予学生丰富的历练机会。因此，学生在学校中的发展要以认知发展为主。同时，教育机构的特性使它对学生的错误容忍度较高，使得责任感难以有效培养。而校外的职业生涯不仅需要认知的发展，更需要情感、身体的发展；不仅需要边干边学，更需要在工作中发明、创造、解决问题，需要将自己的才能现于外。这些体验只有经历过，才能变为学生的生涯经验和财富。当然，在学业紧张、高考压力巨大的现实环境中，高中生几乎没有社会实践活动的时间。因此需要做好时间管理，合理规划学习与生活，创造条件开展社会实践。

第二节
领导力

你不能靠拍人家头而领导别人，那是侵犯，而不是领导力。

——德怀特·艾森豪威尔

生涯故事

巫马期与宓子贱治县

鲁国的单父县缺少县长，国君请孔子推荐一个学生，孔子推荐了巫马期，他上任后十分的努力与勤奋，披星戴月、废寝忘食、兢兢业业工作了一年。结果是单父县大治！不过，巫马期却因为劳累过度病倒了。此时，国君又来请孔子再推荐一个人。于是，孔子推荐了另一个学生宓子贱。

宓子贱弹着琴、唱着小曲就到了单父县，他到任后就在自己的官署后院建了一个琴台，终日鸣琴，身不下堂，日子过得是有滋有味、有情有调、很滋润。一年下来，单父县依然大治。后来，巫马期很想和宓子贱交流一下工作心得，于是他找到了宓子贱。

宓子贱是一个不到三十岁的小伙子，有着健康的身体和充沛的精力。在他的面前，巫马期感觉到了一定的压力。但作为师兄弟，大家还是开始了谈话。

两个人的谈话是从寒暄客套开始的，不过很快就进入了正题。巫马期带着崇拜的眼神，美慕地握着宓子贱的手说："你比我强，你有个好身体啊，前途无量！看来我要被自己的病耽误了。"宓子贱听完巫马期的话，摇摇头说："我们的差别不在身体，而在于工作方法。你做工作靠的是自己的努力，可是事业那么大、事情那么多，个人力量毕竟有限，努力的结果只能是勉强支撑，最终伤害自己的身体；而我用的方法是调动能人给自己工作，事业越大可调动的人就越多，调动的能人越多，事业就越大，于是工作越做越轻松。"

小道理

像宓子贱这样，运用一定的方法调动能人心甘情愿地为自己工作的能力，就是领导力。

生涯知识

一、什么是领导力

领导力是什么？领导力在中学生身上表现为强烈的集体意识和责任意识、带领团队实现集体目标时对成员和其他人的影响能力。通常情况下，领导力体现在对班级、社团和活动的组织管理中，体现在对资源的争取与分配、对人际关系的调节与激励、对目标的确定与决策上。更为重要的是，领导力体现在成功与成就上，没有成功的活动组织和群体管理，就没有领导力。

二、如何提升个人的领导力

（一）提高个人才能

知识、能力等才能因素是形成个人性权力的主要来源。不同类型领导者的具体才能会存在差异，不过以下4种才能不管是行政型领导、经营型领导，还是技术型领导都要必备的，如概念技能、管理技能、专业技能和人际技能。

然而，这4种技能对于处于不同层级的领导者来说，重要性是不一样的，见表6-1。

表6-1　四种技能对于不同层级领导的重要程度

重要度　　　技能 层级	概念技能	管理技能	人际技能	专业技能
基层领导	不太重要	重要	重要	非常重要
中层领导	重要	很重要	很重要	重要
高层领导	非常重要	很重要	很重要	不重要

（二）提升个人魅力

魅力（charismatic）是一种使人潜移默化地接受对方影响的素质，对欣赏它、希望拥有它的追随者具有很大的感召力和影响力。个人魅力不仅表现在外形上，更表现在一个人的内心世界、个人修养、性格等综合素质上。越来越多的研究发现，具有领袖魅力的领导对下属具有更大的感召力和影响力，他们能激励下属付出更多的努力，而且下属会非常喜欢自己的领导，对领导表现出更高的满意度。

林肯的魅力：魅力型领导打动下属的心

林肯被认为是美国历史上最伟大的总统、具有魅力的领袖之一。研究者认为林肯是值得当今领导者学习的典范。林肯在树立榜样、共启愿景（满心渴望达到的目标）和善于交流这三方面，体现了魅力型领导的精髓。

1. 树立榜样

林肯在担任总统的4年期间，大部分时间是和军队在一起度过的。对于林肯来说，与下属随意接触和正式会议一样重要，有时甚至更为重要。在1865年美国南北战争接近尾声时，林肯频繁到战场看望战士，而且哪里重要他就会在哪里出现。

2. 用愿景鼓舞人心

林肯在其整个4年任职期间都在宣讲他心目中的愿景。他的思想既

99

简单又明确，反复强调平等和自由，并不断为他的愿景注入新鲜内容，以使目标的内涵不致减少。内战期间，林肯追溯了过去，然后利用过去和现在连接未来。葛底斯堡演说是林肯所构建愿景的代表，其作用是显著而深远的。

3. 讲故事来交流

领导动员下属最重要的办法就是交流。林肯的交流方式是讲故事。林肯讲故事主要是为了达到某一目的，而不是为了娱乐。领导学领域新近的研究成果表明，林肯的方法确实有效，故事是强有力的激励手段，可以促使人们忠心耿耿、全心全意，而且热情洋溢。美国管理大师奥斯汀认为："人们主要是通过故事来思考，而不是通过成堆的资料去推理。故事容易被记住，会教育人……如果我们真的重视理想、价值、动力和献身精神，就应当发挥故事和神话的作用。"一个合适的故事往往可以减轻拒绝和批评对人造成的刺激。这样既达到了目的，又避免了伤害感情。林肯把讲故事的手法发挥到了极致，即使是在与内阁成员进行最严肃的谈话时，仍然抽出时间讲一段轶事，以表明他究竟是怎样想的。而用来讨论政策和国家方针大计的会议，也往往由林肯用一段故事来圆满结束。

大量的研究者对魅力型领导的特质进行研究后发现，魅力型领导的关键特点如表6-2所示。

表6-2　魅力型领导的关键特点

特点	涵义
富有远见	魅力型领导是未来取向的，他们有远大的目标，认为未来一定会比现在更美好。他们也能够认识到现在的不足，并且能够提出如何克服这些缺陷的设想，而且这些设想往往是令人兴奋的
高度自信	对他们的判断和能力充满信心，能在极大的压力下坚持自己的信念。而那些非魅力型的领导者在失败与批评面前总是怀疑自己
充满激情，自我激励	他们精神饱满、精力充沛，对实现目标充满激情。而且他们能够用各种方式充分和生动地表达自己的情感和热情。他们不需要别人的鼓励，而是自我激励

特点	涵义
善于言辞	他们善于表达自己的思想,擅长运用各种言辞和非言辞的表达技巧。卓越的沟通能力使追随者理解他的愿景,激发追随者的热情
愿意冒个人风险	他们敢于冒个人风险,包括经济损失或事业上失败的可能性、组织资源被撤销的可能性、被开除或降职的可能性
环境敏感性	他们对现实具有洞察力,能实事求是地评估组织内的各种环境资源和条件限制,并基于对环境资源的现实评估来采取变革策略和非常规行动

（三）采用权变领导方式

领导生命周期理论认为下属的"成熟度"对领导者的领导方式起重要作用。对不同"成熟度"的员工应该采取不同领导方式。"成熟度"是指人们对自己的行为承担责任的能力和愿望的大小。它取决于能力和意愿两个要素。领导生命周期理论见图6-3。

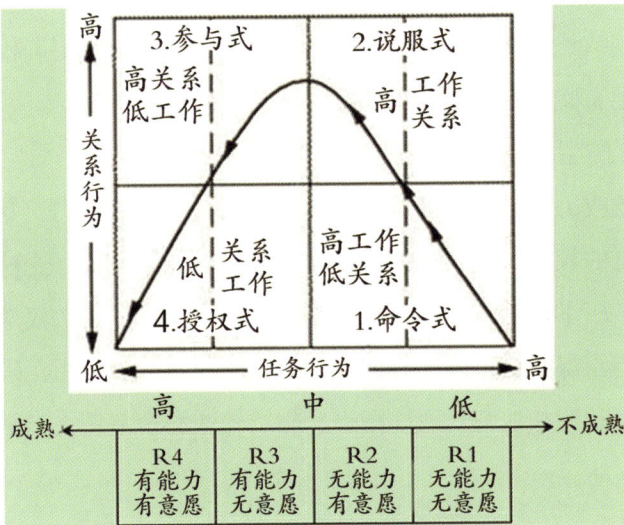

图6-3 领导生命周期理论图解

（1）R1：下属缺乏接受和承担任务的能力和愿望,既不能胜任工作又缺乏自觉性。

（2）R2：下属愿意承担任务，但缺乏足够的能力，有积极性但没有完成任务所需的技能。

（3）R3：下属具有完成领导者所交给任务的能力，但没有足够的积极性。

（4）R4：下属能够而且愿意去做领导者要他们做的事。

（四）学会有效授权

有些人明知道授权的重要性而不愿意授权是因为：（1）对下属不放心；（2）过度追求完美；（3）害怕挑战；（4）害怕失去控制。现代社会，面对复杂的工作，即使是能力超强的领导者，也不可能独揽一切。

授权的好处有：（1）能从琐碎的事务中解脱出来，专门处理重大问题；（2）可调动员工的工作积极性；（3）有利于发现人才、锻炼人才和培养人才；（4）可充分发挥员工的专长，弥补领导者自身才能的不足，提高团队的整体效能。因此，作为一名领导，不是要不要授权的问题，而是如何授权的问题。如何有效授权呢？

（1）客观认识下属；（2）考虑被授权者的兴趣；（3）明确权责，使权责一致；（4）要有监控；（5）有些工作是不能授权的。

（五）善于运用权力基础

领导者的权力基础包括强制权力、奖赏权力、合法权力、专家权力和感召权力。同样的权力，不同的人运用起来效果可能不一样，这就是人们所说的权术问题。权术通常被看成一种非常负面的东西。其实，权术只是运用权力的技术。运用得当，可以很好地起到提高领导效能的作用。研究发现，合理化、友情、结盟、谈判、硬性指标、高层权威和规范是人们常用来影响上级和下属的策略。

第三节
团队协作能力

一滴水只有放进大海里才永远不会干涸，一个人只有当他把自己和集体事业融合在一起的时候才能最有力量。

——雷锋

偷油的老鼠

三只老鼠同去一个很深的油缸偷油喝，够不到油喝的它们想了一个办法，就是一只老鼠咬着另一只老鼠的尾巴，吊下缸底去喝油，大家轮流喝，有福同享。

第一只老鼠最先吊下去喝油，它想："油就这么多，大家轮流喝一点儿也不过瘾，今天算我运气好，干脆自己跳下去喝个饱。"夹在中间的老鼠想："下面的油没多少，万一让第一只老鼠喝光了，那我怎么办？我看

还是把它放了，自己跳下去喝个痛快！"第三只老鼠也暗自嘀咕："油那么少，等它们两个吃饱喝足，哪里还有我的份儿？倒不如趁这个时候把它们放了，自己跳到缸底饱喝一顿。"

于是，第二只老鼠狠心地放开第一只老鼠的尾巴，第三只老鼠也迅速放开第二只老鼠的尾巴，它们争先恐后地跳到缸里去了。最后，三只老鼠都淹死在油缸里。

小道理

这则故事生动地告诉我们这样一个道理：掣肘，易事难为；携手，难事可成。俗话说："一个和尚挑水喝，两个和尚抬水喝，三个和尚没水喝。""一只蚂蚁来搬米，搬来搬去搬不起，两只蚂蚁来搬米，身体晃来又晃去，三只蚂蚁来搬米，轻轻抬着进洞里。"无数鲜活的案例告诉我们：要想生存，要想走出困境，要想取得成功，就必须与人合作。知识经济的到来，使得个人无法学会所有知识，现代工作也已不再是一个人所能左右的。社会需要我们合作，我们也必须学会与人合作。

生涯知识

一、什么是团队

团队是指为了实现某一目标，由相互协作的个体所组成的正式群体。团队合作是指团队成员之间为了达成既定目标所表现出来的自愿合作和协同努力的精神。团队合作是保证团队正常运转、产生1+1＞2效果的根本。如今，随着社会分工日益精细，团队合作的重要性不是下降了，而是越来越突显出来了。

二、团队合作与职业发展

（一）团队合作是人才素质的基本要求

如今，随着专业分工日益精细，能互相配合、善于相互配合就成了每一个员工必备的职业素质。如今，团队合作精神已经成为职场对人才素质的一项基本要求。

团队合作最重要

我大学毕业后留在了南京。一家广告公司招工的时候，我通过笔试和面试后被留了下来。

试用期间，总经理对我们同时应聘的5个人说："试用期满，将在你们中间选一名业务主管。"听了总经理的话，我雄心勃勃，发誓要当上业务主管！

然而，要想当上业务主管就必须战胜4个同事！我想，短短的3个月里要突显自己的业绩仅靠埋头苦干是不行的，我必须凭借聪明才智苦干加巧干。此后，我开始利用网络的优势进入广告设计网博览别人的设计创意并频频跟网络设计高手交流。我想，这样正当的学习，其他的4个同事同样能做到，如果是在同一起跑线上公平竞争，我的优势不一定能突显出来。

为了确保自己能超过他们，我开始"不耻下问"地向4个同事学习，而他们向我请教问题的时候，我每次都把自己独特的见解藏起来，只说一些能在网上查到的观点。

当然，我所做的一切都很隐蔽，我不会傻到为了打败他们而把他们的材料藏起来，也不会在私下里对他们发起人身攻击。我常常自我安慰说，我并没有伤害他们，我只是努力提高自己而已。

试用期满，我的业绩果然比他们4个人突出。我想，业务主管一职肯定非我莫属。然而，总经理的决定却让我大跌眼镜：我不仅没能当上业务主管，还被公司淘汰了！面对这样的结果，我质问他为什么。总经理平和地说："我们公司之所以能有今天，主要靠的是团队合作精神，因此，在我们公司，能跟同事共同提高的人才是最理想的人选。"

原来，总经理对我的所作所为明察秋毫！我离开公司的时候，总经理吩咐财务处多给我算了一个月的工资，他还拍着我的肩膀语重心长地说："记住，跟同事共同提高比只向同事学习更受欢迎。"

运行良好的蒸汽机，需要各个齿轮之间良好地配合，不管是大齿轮还是小齿轮，哪个坏了都不行。组织也一样，每个员工只有相互很好地配合、合作，才能达到"人心齐，泰山移"的效果。如果每个员工只是从自己的角度去思考问题，不配合、不合作，甚至内耗，那么组织就会是一群乌合之众，势必影响整个组织的效能，导致1+1＜2的后果。

（二）团队合作是自身发展的需要

团队是为了实现某一目标，由两人或两人以上的人所组成的群体。团队不同于团体，也不同于群体，当然更不同于团伙。团队的构成要素总结为5P（图6-4），分别为目标、定位、职权、计划、人。

图6-4　团队的5P

（1）目标（Purpose）：团队有一个既定目标为团队成员导航，大家知道要往何处去，没有目标这个团队就没有存在的价值；

（2）定位（Place）：分为组织定位和个体定位。组织定位是指团队在组织中处于什么位置，由谁选择和决定团队成员，团队最终应对谁负责；个体定位是指作为成员在团队中扮演什么角色。

（3）职权（Power）：指整个团队在组织中拥有什么样的决定权，比方说财务决定权、人事决定权等。

（4）计划（Plan）：目标的实现，需要一系列具体的行动方案。

（5）人（People）：人是构成团队最核心的要素。两个或两个以上的人就可以组成团队。团队的其他4个要素都需要"人"这个要素去承担、实施和实现。

第四节
学习能力

不知道自己的无知，乃是双倍的无知。

——柏拉图

生涯故事

八十二岁的状元

梁灏是五代时期的人，却是宋太宗时期的状元郎。他从五代后晋天福三年（938年）起就不断地进京应试，历经后汉和后周两个短命朝代。虽然屡试不中，但他毫不在意，总是自我解嘲地说："考一次，我就离状元近了一步。"直到宋太宗雍熙二年（985年），他才考中进士，被钦点为状元。他一共考了四十七年，参加会试四十场，中状元时已经是满头白发的老翁了。在大殿上，宋太宗问他的年岁，他自称："皓首穷经，少伏生八岁；青云得路，多太公二年。"言明自己八十二岁了。短短两句话，包含了多少考场上的艰苦和辛酸！

梁灏八十二岁中状元是那个时代的悲哀，因为他生逢五代乱世，人生坎坷在所难免。但他的那种坚忍不拔的精神却是极为可贵的。在求学路上，如果人人都像梁灏那样孜孜不倦，为达到目标不惜追求到须发皆白，那么，即便最后不能功成名就，至少可以满腹经纶、垂名后世。这种坚毅的求学精神值得每个人称颂和学习。梁灏大器晚成的故事告诉青少年：学习不在于年龄，人的一生是一个不断学习、不断完善的过程，只要正确对待，持之以恒，就能达到目标，实现自己的理想。

生涯知识

不论是人还是动物，学习都是生存下去所不可缺少的一环。善于学习是我们生存和发展的基础。我们必须具备多种学习能力才能不断更新自己的知识系统，使自身的潜力得到充分发挥，适应变化的社会。学习能力主要包括组织学习活动的能力、获取知识的能力、运用知识的能力以及伴随学习过程而发生的观察、记忆、思维等智力技能。

（1）组织学习活动的能力，它是学习能力的先导。

（2）获取知识的能力，它是学习能力的重点和关键。

（3）运用知识的能力，它是学习能力的最终目的。

（4）培养智力技能，它主要包括观察能力、记忆能力、思维能力等。观察能力是基础，记忆能力是桥梁，思维能力是核心。

终身学习是建立在社会高科技的进步、经济的飞速发展、政治和教育思想的民主化、文化价值的不断提升、法制建设更为完善的基础上的。联合国教科文组织在1996年发表的《学习：内在的宝藏》报告提出，终身学习有四大支柱：①学会与人相处；②学会追求知识；③学会动手做事；④学会自我实现。

终身教育既包括家庭教育、学校教育，也包括社会教育，形式多种多样，任何需要学习的人都可以随时随地接受任何形式的教育，学习的时间、地点、内容、方式都可以由自己来决定。总之，未来的社会将会用能力取代知识，用需求取代文凭，为终身学习提供广阔的舞台。

第五节
沟通表达能力

高品质的沟通，应把注意力放在结果上，而不是情绪上，沟通从心开始。

——翟鸿燊

生涯故事

小公主的愿望

一个小公主病了，她娇憨地告诉国王，如果她能拥有月亮，病就会好。国王立刻召集全国的智士，要他们想办法拿到月亮。

总理大臣说："它远在三万五千里外，比公主的房间还大，而且是由融化的铜所做成的。"

魔法师说："它有十五万里远，是用绿奶酪做的，而且整整是皇宫的两倍大。"

数学家说："月亮远在三万里外，又圆又平像个钱币，有半个王国大，还被黏在天上，不可能有人能拿下它。"

国王又烦又气，只好叫宫廷小丑来弹琴给他解闷。小丑问明一切后，得到了一个结论：如果这些有学问的人说的都对，那么月亮一定和每个人想的一样大一样远。所以当务之急便是要弄清楚小公主心中的月亮到底有多大多远。

于是，小丑到公主房里探望公主，并顺口问公主："月亮有多大？""大概比我拇指的指甲小一点吧！因为我只要把拇指的指甲对着月亮就可以把它遮住了。"公主说。

"那么，有多远呢？""不会比窗外的那棵树高！因为有时候它会卡在树梢上。""月亮是用什么做的呢？""当然是金子！"公主斩钉截铁地回答。

月亮比拇指指甲还要小，比树还要矮，用金子做的。这样的月亮当然容易拿到啦！小丑立刻找金匠打了个小月亮并穿上金链子，给公主当项链，于是，公主好高兴，第二天病就好了。

小道理

这则故事告诉我们，人们较少关注别人的真实需求，完全是按照自己的意愿做事情，结果不论多么努力，效果总是不好。另外，选择好沟通的内容也十分重要，沟通内容选择好了，才能直入主题，简洁高效。

生涯知识

沟通能力包括表达能力、争辩能力、倾听能力和设计能力（形象设计、动作设计、环境设计）。沟通能力看起来是外在的东西，而实际上是个人素质的重要体现，它关系着一个人的知识、能力和品德。

那么，我们如何提高自己的沟通能力呢？

一般来说，培养自己的沟通能力应从两个方面努力：一是提高理解别人的能力；二是提高表达能力。具体来说，就是要做到以下几点：

第一，仔细想想自己最有可能会在什么场合与哪些人沟通；

第二，客观地评价自己是否具有良好的沟通能力；

第三，问问自己，我的沟通方式是否合适。

要知道，主动沟通与被动沟通完全是不一样的。如果你迈出主动沟通的第一步，就非常容易与别人建立广泛的人际关系，在与他人的交流沟通中更能够处于主导地位。当你处于主导地位时，就会集中注意力，主动去了解对方的心理状态，并调节自己的沟通方式，以便更好地完成沟通过程。这时候的沟通方式就是最合适的。

第六节
责任心

一个人若是没有热情，他将一事无成，而热情的基点正是责任心。

——列夫·托尔斯泰

生涯故事

一个11岁的美国男孩在踢足球时，不小心将邻居家的玻璃打碎，邻居愤怒不已，向他索赔12.5美元。这12.5美元在当时可谓是天文数字，足够买下125只生蛋的母鸡了。男孩儿把闯祸的事告诉了父亲，并且忏悔。看到儿子为难的样子，父亲拿出了12.5美元，说："这笔钱是我借给你的，一年后要分毫不差地还给我。"男孩赔了钱之后，便开始辛苦地打工。终于，经过半年的努力，他把这"天文数字"分毫不差地还给了父亲。这个男孩就是后来的美国总统罗纳德·里根。他还回忆说："通过自己的劳动来承担过失，使我懂得了到底什么是责任。"

小道理

勇于承担起责任，是所有成功者一个共同的特征。有成就的人都相信，无论发生什么，无论是好是坏，都是他们自己造成的，所以他们理应承担起这一切。敢于负责也是衡量个人能力以及成熟的重要标志之一，是一种可贵的品质。里根从小就形成的这种品质，无疑为他在日后成为强大的美利坚总统，并在美苏对抗中获得胜利奠定了良好的基础。

生涯知识

一、什么是责任心

责任心是指个人对自己和他人、对家庭和集体、对国家和社会所负责任的认识、情感和信念，以及与之相应的遵守规范、承担责任和履行义务的自觉态度。它是一个人应该具备的基本素养，是健全人格的基础，是家庭和睦，社会安定的保障。有责任心的员工，会认识到自己的工作在组织中的重要性，把实现组织的目标当成自己的目标。

二、怎样培养责任心

培养中学生的责任心应从以下几方面做起：

（1）向榜样学习。老师认真备课、工整板书，父母对待工作一丝不苟，这些都是责任心的体现，都值得我们学习。

（2）从培养良好习惯开始。比如节约一滴水一度电，严格进行垃圾分类等，都是我们在保护环境、节约资源方面的责任心体现。

（3）做力所能及的家务劳动。"一屋不扫，何以扫天下？"从小事做起，我们肩头才可以慢慢承受得起越来越重的责任。

（4）勇于并主动承担责任。

下篇　探索篇

我的生涯探索1-1　我曾经的规划

从小到大，我做过最系统的规划或者计划是什么？

_____

_____

我的这个规划或者计划的目标是：

_____

_____

我的这个规划或者计划的时间跨度是：

_____

_____

我的这个规划或者计划是否分了步骤或模块？如果是，它们是：

_____

_____

_____

_____

最终，我的这个目标实现了吗？

_____

_____

如果可以再来一次，我会如何调整当初制订的规划或者计划？

_____

_____

_____

笔记

请根据自己的实际情况以及对未来的规划，将下列空白的生涯彩虹图进行描绘，并在图下面的空白处说明描绘意图。

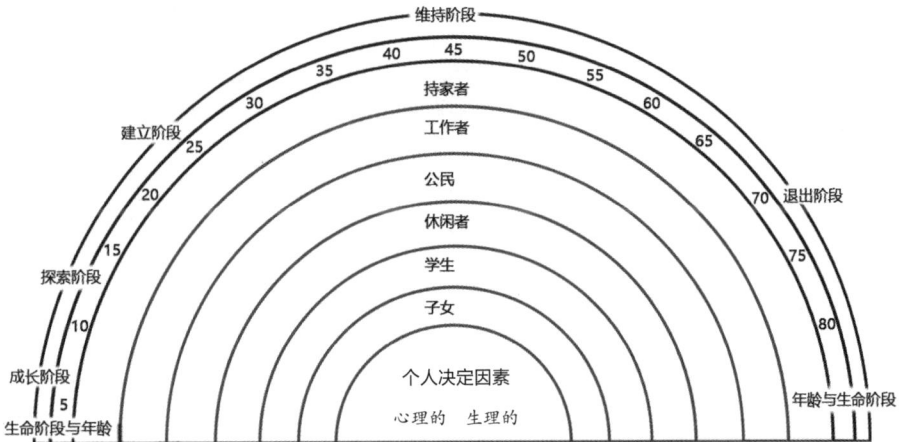

维持阶段

35　40　45　50　55

30　持家者　60

建立阶段　工作者　65

25

20　公民　70　退出阶段

15　休闲者　75

探索阶段　学生

10　子女　80

成长阶段　个人决定因素　年龄与生命阶段

5　*心理的　生理的*

生命阶段与年龄　年龄与生命阶段

_____

_____

_____

_____

_____

_____

笔记

我的生涯探索2-1　我是谁?

请你在认真思考后，在下列表格中填入自身的优点和缺点，并对家长、老师及好朋友进行采访后在表格中填入他们对你的看法。

内部		
	优点	缺点
我看自己		
外部		
	优点	缺点
家长看我		
老师看我		
好朋友看我		

笔记

我的生涯探索2-2　疯狂动物城

探索自己当前的和理想的性格特点，从而发现自己的成长目标。

16种性格类型跟动物世界的16种动物对应，如果进入动物世界，你目前是哪种动物呢？如果可以选择，你想成为哪种动物呢？

动物	MBTI代码	类型	类型说明（仅供参考）
狮子	ENTJ	陆军元帅	极为有力的领导人和决策者，能明察一切事物中的各种可能性，喜欢发号施令。是天才的思想家，做事深谋远虑、策划周全。事事力求做好，生就一双锐眼，能够一针见血地发现问题并迅速找到改进方法
老虎	INTJ	专家型	完美主义者。强烈要求自主、看重个人能力、对自己的创新思想坚定不移，并受其驱使去实现自己的目标。逻辑性强，有判断力，才华横溢，对人对己要求严格。在所有类型的人中，是独立性最强的一类，喜欢我行我素。面对反对意见，他们通常多疑、霸道、毫不退让。对权威本身毫不在乎，但只要规章制度有利于自己的长远目标就能遵守
鹦鹉	ENTP	发明家	好激动、健谈、聪明，是个多面手。总是孜孜以求地提高自己的能力。天生有创业心、爱钻研、机敏善变、适应能力强
猫头鹰	INTP	智力型	善于解决抽象问题。满腹经纶，时能闪现出创造的睿智火花。外表恬静，内心专注，总忙于分析问题。眼光挑剔，独立性极强
狗	ENFJ	教育者	有爱心，对生活充满热情。往往对自己很挑剔。不过，由于自认为要为别人的感受负责，所以很少在公众场合发表批评意见。对行为的是非曲直明察秋毫，是社交高手
熊猫	INFJ	作家型	极富创意，感情强烈、原则性强且具有良好的个人品德，善于独立进行创造性思考。即使面对怀疑，仍对自己的观点坚信不疑。看问题常常能入木三分

续表

动物	MBTI代码	类型	类型说明（仅供参考）
大猩猩	ENFP	灵活型	热情奔放，满脑子新观念。乐观、率性、充满自信和创造性，能深刻认识到哪些事可为。对灵感推崇备至，是天生的发明家。不墨守成规，善于闯新路子
海豹	INFP	化解型	珍视内在和谐胜过一切。敏感、理想化、忠心耿耿，在个人价值观方面有强烈的荣誉感。如果能献身自己认为值得的事业，便情绪高涨。在日常事物中，通常很灵活、有包容心，但对内心忠诚的事业义无反顾。很少表露强烈的情感，常显得镇定自若、寡言少语。不过，一旦相熟，也会变得十分热情
鬣狗	ESTP	挑战型	无忧无虑，属乐天派。活泼、随和、率性，喜欢安于现状，不愿从长计议。能够接受现实，一般心胸豁达、包容心强。喜欢玩实实在在的东西
蛇	ISTP	冒险型	奉行实用主义，喜欢行动，不爱空谈。长于分析、敏于观察、好奇心强，只相信可靠确凿的事实。非常务实，能很好地利用一切可利用的资源，而且很会瞄准时机
海豚	ESFP	表演型	生性爱玩、充满活力，用自己的陶醉来为别人增添乐趣。适应性强，平易随和，可以热情饱满地同时参加几项活动。不喜欢把自己的意志强加于人
猫	ISFP	随和型	温柔、体贴、敏感，从不轻言非常个人化的理想及价值观。常通过行动而非语言来表达炽烈的情感。有耐心，能屈能伸，十分随和，无意控制他人。从不妄加判断或寻求动机和意义
狼	ESTJ	监督型	办事能力强，喜欢出风头，办事风风火火。责任心强、诚心诚意、忠于职守。喜欢框架，能组织各种细节工作，能如期实现目标并力求高效
乌龟	ISTJ	传统型	一丝不苟、认真负责，而且明智豁达，是坚定不移的社会维护者。讲求实际、非常务实，总是孜孜以求精确性和条理性，而且有极强的专注力。不论干什么，都能有条不紊、四平八稳地把它完成
大象	ESFJ	主人型	喜欢通过直接合作以切实帮助别人。尤其注重人际关系，因而通常很受人欢迎，也喜欢迎合别人。态度认真、遇事果断、通常表达意见时态度很坚决
犀牛	ISFJ	保护者	忠心耿耿、一心一意、富有同情心，喜欢助人为乐。职业道德水平很高，一旦觉得自己的行动的确有帮助，便会担起重担

第1步：根据16种类型/动物的解释，选择"理想中的性格特征"所代表的动物。

_____

_____

第2步：理想我－现实我＝目标。

反思现状，当前的你与理想的你的差距是什么？如果从自身长期生涯发展的角度考虑，你想要保留自己身上的哪些特点，改掉哪些特点呢？请具体说说"你想要继续保持的"和"一定要改变的"特点。

我想要继续保持的特点	我一定要改变的特点
（1）	（1）
（2）	（2）
（3）	（3）

笔记

我的生涯探索2-3　保守还是冒险？实力还是策略？

通过扔沙包的比赛，反思自己的成就动机，激发自己思考在遇到挑战时，自己惯常的行为模式与改进方法。

第1步：分组进行投掷沙包比赛，每组10次机会。

筐的前面有三条投掷线，分别是1米远、3米远和5米远。每组有10次机会将沙包扔进筐里。在不同投掷线投进，得分不同。5米投进，计10分；3米投进，计5分；1米投进，计1分。比比看哪一组的得分更高！

第2步：请思考，你在刚刚的沙包投掷赛中的动机，是以"取得高分"为目标，还是以"击败对手"为目的，从不同的目标中是否会衍生出不同的策略，你刚刚用了什么策略呢？

_____

_____

_____

_____

_____

第3步：经过以上的过程，你对自己有什么发现吗？联想到生活中的什么情景了吗？写下自己的感想。

_____

_____

_____

_____

_____

沙包比赛投掷过程记录单

序号	投掷线（5/3/1）	投中与否？（是/否）	得分
第一次投			
第二次投			
第三次投			
第四次投			
第五次投			
第六次投			
第七次投			
第八次投			
第九次投			
第十次投			

我的生涯探索2-4　人格格子铺

本活动将提供一些描述人的标签，请根据自己现在的表现，用词语来描述自己。

人格格子铺				
大智若愚	谦虚谨慎	表里如一	心平气和	百折不挠
与人为善	乐观开朗	锋芒毕露	刚正不阿	随遇而安
优柔寡断	吃亏是福	光明磊落	助人为乐	心直口快
精明强干	足智多谋	见利忘义	孤芳自赏	自以为是
斤斤计较	刁钻古怪	桀骜不驯	目中无人	

第1步：从上面人格格子铺里陈列的众多词语中选择或自己说出（如果上面没有列出来）三个词：

目前，最能代表自己的	最想摆脱的	最想拥有的

第2步：如果要实现"最想拥有"的，你打算做什么？

行动1：_____

行动2：_____

行动3：_____

笔记

我的生涯探索2-5　度假兴趣岛

恭喜你！你获得了一次免费度假的机会——去下列六个岛屿中的一个。唯一的要求就是你必须在岛上待上至少半年的时间，不要考虑其他因素，仅按照自己的兴趣和喜欢程度挑出你最想前往的三个岛屿。

（1）A 岛：为自然、原始的岛屿。岛上保留了热带原始植物，自然生态保持得很好，也有规模很大的动物园、植物园、水族馆。岛上居民以手工见长，自己种植花果蔬菜、修缮房屋、打造器物、制作工具。

（2）B 岛：为深思、冥想的岛屿。岛上人较少，建筑物多僻处一隅，平畴绿野，适合夜观星象。岛上有多处天文馆、科博馆以及科学图书馆等。岛上居民喜好沉思，追求真知，喜欢和来自各地的哲学家、科学家、心理学家等交换心得。

（3）C 岛：为美丽、浪漫的岛屿。岛上有很多美术馆、音乐厅，艺术和文化气息浓厚。同时，当地的原住民还保留了传统的舞蹈、音乐与绘画，许多文艺界的朋友都喜欢来这里找寻灵感。

（4）D 岛：为温暖、友善的岛屿。岛上居民个性温和、十分友善、乐于助人，社区均自成一个密切互动的服务网络，人们多互助合作，重视教育，弦歌不辍，充满人文气息。

（5）E 岛：为显赫、富庶的岛屿。岛上的居民热情豪爽，善于企业经营和贸易。岛上的经济高度发达，处处是高级饭店、俱乐部、高尔夫球场。来往者多是企业家、经理人、政治家、律师等，他们衣香鬓影，夜夜笙歌。

（6）F 岛：为现代、井然的岛屿。岛上建筑十分现代化，是进步的都市形态，以完善的户政管理、地政管理、金融管理见长。岛民冷静保守，处事有条不紊，善于组织规划。

你最想前往的三个岛屿：_____、_____、_____。

A 岛对应的代码是 R；B 岛对应的代码是 I；C 岛对应的代码是 A；D 岛对应的代码是 S；E 岛对应的代码是 E；F 岛对应的代码是 C。

置换之后，你的霍兰德兴趣代码（三位代码）是：_____。请根据兴趣代码，结合下面的霍兰德兴趣代码简表查找对应的职业吧。

兴趣岛的测试并不百分之百准确，大家可以扫码进入在线测评，获取更加准确的个人职业兴趣信息。

我的生涯探索2-6　价值观初探

　　心理学家根据人们价值观的不同把人分为政治型、经济型、科学型、社会型、审美型、精神型六种类型。不同类型的人所看重的价值是不同的。

　　政治型：关心国家与民族发展，以振兴国家与民族为己任，重视领导管理能力和权力，希望显示自己的能力与对社会、对他人的影响；勇敢顽强，喜欢奋斗与竞争，喜欢发动组织和支配他人，尽最大努力获得成功。

　　经济型：看重事物的经济、功利价值，喜欢明确学习的真实用处，追求实用性，讲究经济效益，追求财富积累；比起过程，他们更注重结果，关心生产贸易、财经金融、产量利润等内容，以获得经济上的成功为人生目标。

　　科学型：看重对未知客观规律的研究和探索，关注科学理论和技术，以发现新知识、新技术为人生价值。重知识，爱科学；看重能力，勤于思考，追求真才实学；注重理性思考，反感不合道理的事情，不为感性的事情所迷惑。

　　社会型：重视社会和谐，致力于建设民主有效的集体和建立和谐的人际关系；认同人与人之间需要互相依靠、共同生活，爱他人也希望被他人爱，把人与人之间的情谊放在首位，不太计较权力与经济得失，为人处世公平正义；关心他人，乐于助人，诚实可信。

　　审美型：追求艺术美感，以美感、对称、和谐的观点评价与体验事物，认为美的体验具有很大价值。讨厌世俗纠纷，讲究生活、学习、工作丰富多彩，和谐完美，认为用个性化的方式表达内在感受很重要。

精神型：追求生命的终极意义与价值，探索人与世界的根本关系，追求理想与信仰；喜欢探索人生与宇宙的奥秘；注重精神生活与道德修养；关注心灵的自由和内心的和谐。

通过价值观探索，我发现：

我最符合的三个类型是 ＿＿＿＿＿＿＿＿＿＿＿＿＿＿

＿＿＿＿＿＿型价值观对我而言意味着：＿＿＿＿＿＿＿＿＿

＿＿＿＿＿＿型价值观对我而言意味着：＿＿＿＿＿＿＿＿＿

＿＿＿＿＿＿型价值观对我而言意味着：＿＿＿＿＿＿＿＿＿

我的生涯探索2-7　生涯拍卖会

参与者每人持有象征一生时间和精力的货币若干，主持人展示拍卖品——象征某种价值观的东西，参与者投标，价高者得。在拍卖过程中，有人会因为在某一件物品上思考过多，无法拍得所有想要的拍品；有人会因为失误错失了想要的拍品，最后只能匆匆拍下无人问津的东西；有人会因为犹豫不决，最后只得两手空空。"生涯拍卖会"可以让我们在社会比较中，了解自己的主要价值取向。以下是一个生涯拍卖会例子。拍卖的东西如下表所示，每一样东西的底价都是2000元，每人总共有10000元钱。

"生涯拍卖会"拍卖品

1. 帮助他人	2. 美的追求	3. 创造发明
4. 智力刺激	5. 独立自主	6. 成就感
7. 声望地位	8. 管理权力	9. 经济回报
10. 安全稳定	10. 工作环境	12. 上司关系
13. 同事关系	14. 多样性	15. 生活方式

你最初打算买进的5样东西是（排序）：＿＿＿＿＿＿＿＿＿＿＿＿

你最终买进的东西是：＿＿＿＿＿＿＿＿＿＿＿＿＿＿＿＿＿＿

你的花费为：＿＿＿＿＿＿＿＿＿＿＿＿＿＿＿＿＿＿＿＿＿＿

用一句话概括你的感受：＿＿＿＿＿＿＿＿＿＿＿＿＿＿＿＿

问卷资源

职业价值观测评：http：//zycp.qcdxs.com/html/ceping/qsnintr.html

笔记

我的生涯探索2-8 你的优势潜能在哪里

同学们，每个人都有无穷的力量，现在，让我们来测一测，看看自己有哪些连自己都不知道的潜能吧！

本测验把人的职业能力倾向分为9种，每种能力由一组4道题目反映。测验时，请仔细阅读每一题，采用"五等评分法"对自己的能力进行评定。然后分别计算出自评等级					
（一）一般学习能力倾向（G）	弱	较弱	一般	较强	强
1.快而容易地学习新内容	1	2	3	4	5
2.快而正确地解数学题目	1	2	3	4	5
3.对课文的字、词、段落篇章的理解、分析和综合能力	1	2	3	4	5
4.对学习过的材料的记忆能力	1	2	3	4	5
（二）言语能力倾向（V）	弱	较弱	一般	较强	强
1.善于表达自己的观点	1	2	3	4	5
2.阅读速度和理解能力	1	2	3	4	5
3.掌握词汇量的程度	1	2	3	4	5
4.你的语文成绩	1	2	3	4	5
（三）算术能力倾向（N）	弱	较弱	一般	较强	强
1.做出精确的测量	1	2	3	4	5
2.笔算能力	1	2	3	4	5
3.口算能力	1	2	3	4	5
4.你的数学成绩	1	2	3	4	5
（四）空间判断能力倾向（S）	弱	较弱	一般	较强	强
1.解决立体几何方面的习题	1	2	3	4	5
2.画三维度的立体图形	1	2	3	4	5
3.想象盒子展开后的平面图	1	2	3	4	5
4.想象三维度的物体	1	2	3	4	5

续表

（五）形态知觉能力倾向（P）	弱	较弱	一般	较强	强
1.发觉相似图形中的细微差别	1	2	3	4	5
2.识别物体的形状差异	1	2	3	4	5
3.注意物体的细节部分	1	2	3	4	5
4.观察物体的图案是否正确	1	2	3	4	5
（六）书写知觉（Q）	弱	较弱	一般	较强	强
1.快而准地抄写资料（如姓名、日期、电话号码）	1	2	3	4	5
2.发现错别字	1	2	3	4	5
3.发现计算错误	1	2	3	4	5
4.能很快查找编码卡片	1	2	3	4	5
（七）眼手运动协调能力倾向（K）	弱	较弱	一般	较强	强
1.玩电子游戏	1	2	3	4	5
2.打篮球、排球、足球一类活动	1	2	3	4	5
3.打乒乓球、羽毛球	1	2	3	4	5
4.打字能力	1	2	3	4	5
（八）手指灵巧度（F）	弱	较弱	一般	较强	强
1.灵巧地使用很小的工具	1	2	3	4	5
2.穿针眼、编织等使用手指的活动	1	2	3	4	5
3.用手指做一件小工艺品	1	2	3	4	5
4.使用计算器的灵巧程度	1	2	3	4	5
（九）手腕灵巧度（M）	弱	较弱	一般	较强	强
1.用手把东西分类	1	2	3	4	5
2.在推拉东西时手的灵活度	1	2	3	4	5
3.很快地削水果	1	2	3	4	5
4.灵活地使用手工工具	1	2	3	4	5

计分方法：①选"强"得5分，选"较强"得4分，依次类推；②计算每一类能力倾向的自评等级：自评等级=总分÷4；③将自评等级填入下表：

职业能力倾向自评等级表

职业能力倾向	自评等级	职业能力倾向	自评等级
G		Q	
V		K	
N		F	
S		M	
P			

部分职业所需的最低能力标准

职业	职业能力								
	G	V	N	S	P	Q	K	F	M
生物学家	1	1	1	2	2	3	3	2	3
建筑和工程技术专家	2	2	2	2	2	3	3	3	3
系统分析和计算机程序员	2	2	2	2	3	3	4	4	4
经济学家	1	1	1	4	4	2	4	4	4
心理学家	1	1	2	2	2	3	4	4	4
社会工作者	2	2	3	4	4	3	4	4	4
法官	1	1	3	4	3	3	4	4	4
律师	1	1	3	4	3	3	4	4	4
职业指导专家	2	2	3	4	4	3	4	4	4
内、外、牙科医生	1	1	2	1	2	3	2	2	2
护士	2	2	3	3	3	3	3	3	3
医院药剂师	2	2	2	2	2	3	3	3	3
作家和编辑	2	1	3	3	3	3	4	4	4
秘书	3	3	3	4	3	2	3	3	3
出纳员	3	3	3	4	4	2	3	4	4
商业经营管理	2	2	3	4	4	3	4	4	4
画家、雕刻家	2	3	4	2	2	5	2	1	2

笔记

我的生涯探索3-1　生涯人物访谈

　　请选择一名从事你向往的工作的职场人士进行访谈和记录。看看你发现了什么？与之前你的了解有什么区别？对你未来的职业选择有帮助吗？

生涯人物访谈报告

访谈人物：＿＿＿＿从事职业：＿＿＿访谈日期：＿＿＿访谈地点：＿＿＿＿

§职业资讯方面：＿＿＿＿＿＿＿＿＿＿＿＿＿＿＿＿＿＿＿＿＿
＿＿＿＿＿＿＿＿＿＿＿＿＿＿＿＿＿＿＿＿＿＿＿＿＿＿＿＿＿＿＿
＿＿＿＿＿＿＿＿＿＿＿＿＿＿＿＿＿＿＿＿＿＿＿＿＿＿＿＿＿＿＿

§生涯经验方面：＿＿＿＿＿＿＿＿＿＿＿＿＿＿＿＿＿＿＿＿＿
＿＿＿＿＿＿＿＿＿＿＿＿＿＿＿＿＿＿＿＿＿＿＿＿＿＿＿＿＿＿＿
＿＿＿＿＿＿＿＿＿＿＿＿＿＿＿＿＿＿＿＿＿＿＿＿＿＿＿＿＿＿＿

§访谈心得与反思：＿＿＿＿＿＿＿＿＿＿＿＿＿＿＿＿＿＿＿＿
＿＿＿＿＿＿＿＿＿＿＿＿＿＿＿＿＿＿＿＿＿＿＿＿＿＿＿＿＿＿＿
＿＿＿＿＿＿＿＿＿＿＿＿＿＿＿＿＿＿＿＿＿＿＿＿＿＿＿＿＿＿＿

笔记

我的生涯探索3-2　预测新职业

通过了解，你发现现在的哪些职业是随着科技的发展、社会的进步所衍生出的新职业？

_____

_____

_____

_____

请大胆地设想一下，未来还会有哪些新职业出现？列举出来并与同学讨论。

_____

_____

_____

_____

_____

笔记

我的生涯探索3-3　我的家族职业树

通过了解家族成员的职业故事或职业经历，分析家族成员的职业目标和现状，并能结合自身探索，确立职业发展目标。

在家族职业树中把家族成员的职业都写出来，并分类；

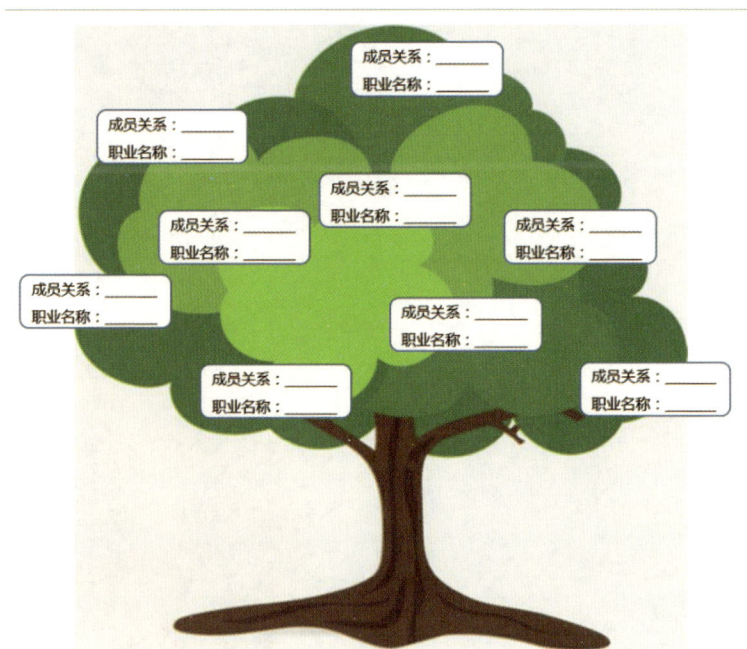

认真思考，回答以下问题：

我的家族中哪一类职业从事的人数最多：＿＿＿＿＿＿＿＿＿＿＿＿＿

以后我也想和他们一样从事这类职业吗？＿＿＿＿＿＿＿＿＿＿＿＿

父亲如何形容他的职业？＿＿＿＿＿＿＿＿＿＿＿＿＿＿＿＿＿

父亲的想法对我的影响是：＿＿＿＿＿＿＿＿＿＿＿＿＿＿＿

母亲如何形容她的职业？＿＿＿＿＿＿＿＿＿＿＿＿＿＿＿＿

母亲的想法对我的影响是：＿＿＿＿＿＿＿＿＿＿＿＿＿＿＿

家族成员最羡慕谁的职业是什么? _____

哪些职业是我绝不考虑的? _____

选择职业时，我更加重视的条件是: _____

我的生涯探索4-1　　我的高中阶段决策平衡单

我们已经学习了职业生涯决策的相关理论，也了解了很多职业决策的方法，下面就让我们为自己的高中生涯填写一张决策平衡单吧！

高中决策平衡单

（一）

考虑项目	选学历史	选学物理
优势		
劣势		
其他		

（二）

考虑项目	出国留学		在本地读大学		在外地读大学	
	优势	劣势	优势	劣势	优势	劣势
适合自己的兴趣(*4)						
适合自己的气质类型(*2)						
符合自己的能力(*5)						
符合自己的价值观(*1)						
家庭经济能力(*3)						
就业市场趋势(*4)						
学业成绩(*1)						
合计						

笔记

我的生涯探索4-2　我的选科　我的职业

正在面临选科的你，可能已经有了一些想法，或者正在思考相关问题。为了能够顺利做出一个令人满意的决定，我们需要把它放入自己的整个生命历程和社会背景下进行考虑，既要有自己的主见，也要在面对未来的不确定时保持一定的开放性。

下面请列举你目前初步确定的选考科目和未来可能选择的专业或者职业，把你考虑过的选项依次写下来（每项最多写五个）。

你可以选学选考的科目为：物理、化学、生物、思想政治、历史、地理、技术（浙江）。

你确定会选的为：_____

未确定的：_____

你考虑过大学会学的专业有哪些（个）：

_____

_____

_____

你考虑过以后会从事的职业有哪些（个）：

_____

_____

_____

网络资源

大学本科专业目录完整版（包括12个学科门类92个专业类）

延展阅读

乔志宏.新高考高中生选课指导手册[M].北京：北京师范大学出版社,2018.

笔记

我的生涯探索5-1 小目标 微行动

根据自己目前的需求，为自己设立一个小目标，并制订一份简单的行动方案。这个小目标可以是学习方面的，也可以是生活方面的。记得行动方案要体现出目标导向、可操作性和时间坐标原则哟！

我的小目标：_____

我的行动方案：

_____

_____

_____

_____

_____

_____

_____

笔记

千里之行，始于足下。任何的理想都要从最基础的小目标开始做起，将大的目标分解成一个个关键的小目标和行动步骤，从而更有针对性和阶段性地开展行动。

首先，把你想要实现的目标写在"鱼头"的位置，这个目标可以是学习方面的，也可以是生活方面的。

其次，如果实现拟定的目标是100分，给自己当前打分并填写在"鱼尾"的位置。

最后，将目标分解成六个小目标，将实现每个小目标的行动简要写在对应的"鱼刺"上。

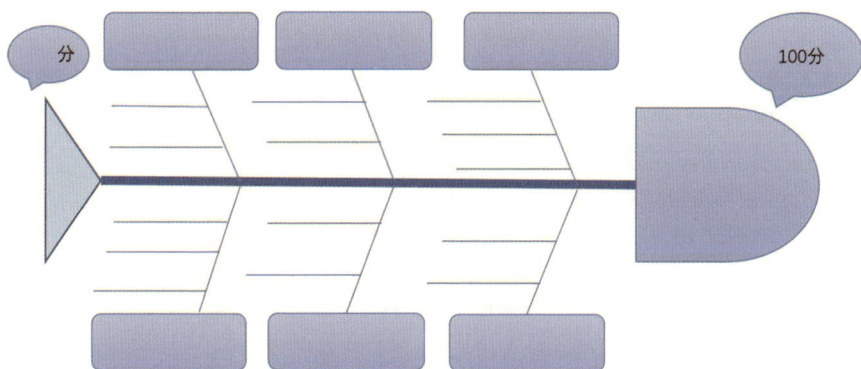

笔记

我的生涯探索5-3　生涯幻游

要明确地找出你的愿景，不是一件轻而易举的事情。有些愿景想法是你现在明显在追求的；也有些愿景想法可能是你自己还没有察觉到，可是在你的潜意识深处存在的；还有些愿景想法，可能你在往后的岁月中历练之后，才会新产生出来。运用"生涯幻游"的方法可以找到生涯愿景。"生涯幻游"的过程如下：

尽可能放松，使你自己能舒服地坐在椅子上，闭上眼睛并完全放松自己，舒缓你的呼吸，看看身体哪些地方还紧张，有的话，请放松、放松、放松。现在，我希望你想象自己经由时空旅行来到未来三年后，在三年后的某一日，新的一天，而你刚醒来，几点了？你在哪儿？你听到什么？闻到什么？你还感觉到什么？有任何人与你一起吗？谁？现在，你已起床了。下一步要做些什么？

现在，你正在穿衣服，请注意，你穿的是什么？一旦你穿上了，你要做些什么？你的情绪如何？你意识到什么？现在，你正要去某地。回头看时，你刚才离开的地方像什么？你上路了,坐什么交通工具？有人和你在一起吗？谁呢？当你走时，注意周围的一切。后来你到达目的地。你在何方？这地方像什么？在这儿，你要做什么？旁边有人吗？有的话，与你是什么关系？你要在这儿逗留多久？今天你还想去别的地方吗？在这一天中，还想做的是什么？现在，你回家了，今天是什么日子？到家时，有人欢迎你吗？回家的感觉又是如何？既然到家了，想做的是什么？你与别人分享你做的事吗？你已准备去睡了，回想这一天，你感觉如何？你希望明天也是如此吗？你对这种生活的感觉究竟是如何？过一会儿，我将要求你回到现在，回到学校及教室。我从10开始倒数，当我数到0的时候，就可以睁开眼睛了。10—9—8—7—6—5—4—3—2—1—0。好了，你回来了，请睁开眼睛，看看周围的一切，欢迎你旅游归来，考虑下列的事情：

　1. 三年后与今天有何不同

（1）人：

（2）事：

（3）生活内容：

　2. 三年后与今天有何关系

（1）延续了今天的＿＿＿＿＿＿＿＿＿＿＿＿＿＿＿＿＿＿＿

（2）改变了今天的＿＿＿＿＿＿＿＿＿＿＿＿＿＿＿＿＿＿＿

（3）最深的感受是＿＿＿＿＿＿＿＿＿＿＿＿＿＿＿＿＿＿＿

我的生涯探索5-4　我的高中生涯规划书

　　我们已经学习了制订生涯规划的方法和原则，接下来，让我们来制订自己高中三年的规划吧！

高中生涯规划书

姓名：　　　　　　　　　　　　　　　　　　　　　班级：

我的座右铭：				
我的特点：(试从个人性格、兴趣、价值观和能力几个方面来总结)				
我想就读的大学、学科及专业：				
我高中毕业时希望达到的目标：				
我的行动方案				
时间		目标	具体行动计划	反思与改进
高一上学期	学习方面			
	能力方面			
	其他方面			
高一下学期	学习方面			
	能力方面			
	其他方面			
高二上学期	学习方面			
	能力方面			
	其他方面			
高二下学期	学习方面			
	能力方面			
	其他方面			
高三上学期	学习方面			
	能力方面			
	其他方面			
高三下学期	学习方面			
	能力方面			
	其他方面			

笔记

我的生涯探索6-1　我的德智体美劳

　　同学们，关于综合素质的评价我们可以从思想品德、学业水平、身心健康、艺术素养、社会实践这几个方面来评价。请大家想一想，在日常的生活中，我们如何提高自己的综合素养。

　　1. 在思想品德方面

_____

_____

_____

　　（主要考查学生在爱党爱国、理想信念、诚实守信、仁爱友善、责任义务、遵纪守法等方面的表现。重点是学生参与党团活动、有关社团活动、公益劳动、志愿服务等的次数、持续时间。例如，为孤寡老人、留守儿童、残疾人等弱势群体提供无偿帮助，在赛会保障、环境保护等活动中做志愿者。）

　　2. 在学业水平方面

_____

_____

_____

　　（主要考查学生各门课程基础知识、基本技能掌握情况以及运用知识解决问题的能力等。重点是学业水平考试成绩、选修课程内容和学习成绩、研究性学习与创新成果等，特别是具有优势的学科的学习情况。）

　　3. 在身心健康方面

_____

_____

_____

（主要考查学生的生活方式、体育锻炼习惯、身体机能、运动技能和心理素质等。重点是《国家学生体质健康标准》测试的结果、体育运动特长项目、参加体育运动的效果、应对困难和挫折时的表现等。）

4. 在艺术素养方面

_____

_____

_____

（主要考查学生对艺术的审美感受、理解、鉴赏和表现的能力。重点是在音乐、美术、舞蹈、戏剧、戏曲、影视、书法等方面表现出来的兴趣特长，参加艺术活动的成果等。）

5. 在社会实践方面

_____

_____

_____

（主要考查学生在社会生活中动手操作、体验、经历等情况。重点是学生参加实践活动的次数、持续时间，形成的作品、调查报告等，如与技术课程等有关的实习，生产劳动、勤工俭学、军训，参观学习与社会调查等。）

我的生涯探索6-2　扑克大战

　　全班每人从一副扑克牌中抽出一张牌，并在1分钟之内与另外的5张牌组合成一组，再与其他组进行比大小对决。

　　（1）4张一样的"炸弹"牌组最厉害，同样都有4张一样的则比大小；

　　（2）接着依次是同花顺子、同花、杂花顺子；

　　（3）由若干对子组成的杂花牌组中，对子数少者（如一组6张的牌中，3+3相比2+2+2的组合更优）为第五优牌组；

　　（4）接下来是有3张一样的杂花牌组、有2张一样的杂花牌组；

　　如果牌组没有一条符合上述标准的牌组，则表明了此次牌局的失败。

　　你抽的牌是？ _____

　　你参加的牌组的六张牌是：_____

　　对于此次组队与对决过程，你有什么感想？

_____

_____

_____

_____

_____

笔记

我的生涯探索 6-3 沟通能力小测试

请你就以下问题认真地问问自己：

1. 你真心相信沟通在组织中的重要性吗？

2. 在日常生活中，你在寻求沟通的机会吗？

3. 在公开场合，你能很清晰地表达自己的观点吗？

4. 在会议中，你善于发表自己的观点吗？

5. 你是否经常与朋友保持联系？

6. 在休闲时间，你经常阅读书籍和报纸吗？

7. 你能自行构思并写出一份报告吗？

8. 对于一篇文章，你能很快区分其优劣吗？

9. 在与别人沟通的过程中，你都能清楚地传达想要表达的意思吗？

10. 你觉得你的每一次沟通都是成功的吗？

11. 你觉得自己的沟通能力对工作有很大帮助吗？

12. 喜欢与你的同事一起进餐吗？

13. 在一般情况下，经常是你主动与别人沟通还是别人主动与你沟通？

14. 在与别人沟通的过程中，你会处于主导地位吗？

15. 你觉得别人适应你的沟通方式吗？

这是一个非常简单的小测试，回答"是"得1分，回答"否"不得分。

得分为10~15分，说明你是一个善于沟通的人；得分为6~10分，说明你协调、沟通能力比较好，但是有待改进；得分为1~6分，说明你的沟通能力有些差，你与团队之间的关系有些危险。

笔记

我的生涯探索6-4　责任心

我们身边有时会出现这样一些言论："做得多错得多""我不做我不错"
"要他做让他错"。

请大家从责任心的角度，对这些言论谈谈自己的看法。

_____

_____

_____

_____

_____

_____

_____

_____

在我们的日常生活中，我们的哪些行为就是责任心的表现呢？请列举。

_____

_____

_____

_____

_____

_____

_____

_____

笔记

后记
Postscript

二十多年前，人们开始关注员工的职业生涯规划与管理，十多年前，人们开始关注大学生的学业规划与职业规划，而近几年，人们开始关注中学生的生涯规划与生涯探索。

编写一套"青少年生涯探索与规划系列丛书"，包括小学版、初中版、高中版，应当是很多从事生涯教育同行们的心愿。

本书得以编著成册，首先要感谢湖北探索生涯智能教育科技有限公司的策划和组织，他们的工作必将推动高中生加快生涯探索的步伐，从而为自主选科、高考志愿填报、出国留学、大学阶段辅修考研求职择业等提供科学依据，同时，也促进高中生较早了解高等学校的结构、规模、分布、学科、专业以及有关工作世界的种种信息，还有利于他们学会生涯决策，做自己命运的主宰者。

本书上篇（理论篇）各章的主要撰稿人为：王浩辉、祝孔婷（第一章），雷五明、任安琦（前言、第二章、第三章），魏超、周梦洁（第四章、第五章），李静蓉（第六章），最后，由雷五明、王浩辉、魏超合作统稿。下篇（探索篇）重点参考了乔志宏编著的《新高考高中生选科指导手册》（北京师范大学出版社，2018年8月），在此深表谢意！

希望本书能帮助中学生朋友早日插上飞翔的翅膀，或者成为中学生"隐形的翅膀"！

2020年5月·武汉